La fe que nunca perdí

Sigue la voz de tu intuición

Adriana Tapia

La información que se provee en el presente libro tiene solamente la intención de compartir experiencias de vida narradas, la perspectiva fáctica de la autora, y no tiene el propósito de hacer señalamientos o responsabilizar ni a persona ni a institución alguna. La autora y la publicista no se hacen responsables de cualquier diagnóstico, tratamiento o acto que lleve a cabo cualquier persona que haya leído el presente libro o haya sido escuchado por terceras personas, ya que cualquier decisión que se tome relacionada con dichos actos y sus consecuencias, será responsabilidad única de quien los lleve a cabo.

Ninguna parte del presente libro puede ser reproducida en forma alguna, incluyendo medios escritos, electrónicos, sistemas de almacenamiento o recuperación, o de cualquier otra forma de transmisión o reproducción, sin mediar autorización previa y por escrito de la autora, excepto breves citas que se incorporen a algún artículo, las que en todo momento deberán referirse a la autora, y citar en su caso de manera fidedigna, la información utilizada.

ÍNDICE

DEDICATORIA... 9

INTRODUCCIÓN... 11

AGRADECIMIENTOS.................................... 13

CAPÍTULO I

Todo inicia con un enorme deseo................ 15

CAPÍTULO II

En búsqueda de mi sueño........................... 25

La vida tiene sorpresas............................... 33

CAPÍTULO III

Cuando la realidad supera lo inimaginable.. 41

CAPÍTULO IV

El amor supera al dolor 49

Nunca sabemos el camino que tendremos que recorrer 56

CAPÍTULO V

Un gran cambio de vida 65

Cuando los retos nos forman el carácter 67

CAPÍTULO VI

La frenética búsqueda de soluciones 81

CAPÍTULO VII

El camino correcto 93

Escucha siempre tu voz interior 98

CAPÍTULO VIII

Aceptación y adaptación 109

CAPÍTULO IX

Cuando dos sueños se juntan 119

Hacer lo que se tenga que hacer 134

CAPÍTULO X

Las bendiciones empiezan 137

Otro sueño cumplido 141

CAPÍTULO XI

Lo imposible, se ve posible 151

Otro sueño, otra bendición 166

CAPÍTULO XII

El gozo de la recompensa 173

Últimas palabras 181

Dedicatoria

Dedico este libro primeramente a mis hijos Caroline y Matthew, a quienes amo infinitamente, y han sido mi más fuerte anhelo y la razón de tanto esfuerzo para lograr tenerlos conmigo. Ellos eran mi sueño más sublime, y los amé aun antes de concebirlos.

También se lo dedico a mi esposo Brian, con quien he vivido esta experiencia de ser padres a toda costa, y quien me apoyó en el presente sueño de escribir este libro.

Introducción

En este libro comparto la historia que vivimos mi esposo y yo con Caroline, nuestra primera hija. Una historia de amor, de fe, de esperanza; pero también de mucho dolor, esfuerzo y aprendizaje de vida.

A través de más de seis años de lucha por su vida, aprendí a fortalecer y aferrarme a mi fe, a mi intuición, a la perseverancia y a la visualización de una hija saludable y feliz.

Esta es la historia de mi proceso de dar a luz a un bebé prematuro, salvar su vida y llevarlo al desarrollo normal de todas sus funciones físicas; donde tuve que sobreponerme a la desesperación, al sufrimiento y al dolor, además de que pude sacar la mayor fortaleza y lo mejor de mi ser.

Tal vez tu estés pasando por alguna situación similar, como alguna enfermedad con alguno de tus hijos, o quizás tengas un momento difícil en tu vida en donde necesites fortalecerte a través de la fe para sobrepasar esa etapa, que a veces parece eterna cuando no vemos más que lo que vivimos en el presente. Mi intención es ayudarte por medio de mi historia e inspirarte, para que puedas superar la tuya.

Te platicaré paso a paso cómo a lo largo de 6 años, fui viviendo la angustia y el sufrimiento de ver el tiempo transcurrir sin encontrar como mi hija podría sobrevivir; esperando y deseando fervientemente que ella llevara una vida normal, siendo éste el único enfoque de mi día a día.

Agradecimientos

Agradezco infinitamente a Dios por haberme dado fuerza y guía para encontrar los caminos correctos, y lograr el anhelo más grande de mi corazón en esa época.

Gracias a mis padres Rosa Martha y Marco Antonio, quienes me apoyaron enormemente cuidando a mi hija cuando yo no la podía cuidar.

Gracias a mis suegros Robert y Marsha; especialmente a mi suegra, que en paz descanse, que siempre nos ayudó en todo lo que le era posible a distancia, puesto que residía en Alabama, Estados Unidos; incluso recién recuperada de su cirugía por cáncer, viajó a ayudarnos con nuestros hijos. También le agradezco a ella haber sido una de las pocas personas que siempre reconoció mi esfuerzo y tenacidad para sacar adelante a mi hija.

Gracias a mi hermana menor, Elizabeth, por su incondicional apoyo recibiéndome en su casa por casi un mes, siempre atendiéndome de la mejor manera. Lo más valioso que ella me brindó, fue su compañía constante con sus visitas al hospital y estando presente en el nacimiento de Matthew. También gracias por su gran ayuda con sus sugerencias en la escritura de este libro. Fueron de mucha importancia.

Gracias a mi hermana Rosa Martha, quien sin pensarlo, donó su sangre para Caroline cuando fue necesario.

Agradezco también a la señora Jovita, la ayudante de mi mamá en su casa por más de 10 años, que siempre se preocupaba en hacer nuevas recetas para hacer que Caroline las comiera.

Gracias a los tíos de mi esposo, Debbie y Tom, quienes nos apoyaron cuando más lo necesitábamos.

A los médicos que atendieron a mi hija desde que nació y a los que la diagnosticaron acertadamente. Gracias a todos y cada una de las personas que me ayudaron a mí, o que ayudaron a mi hija a seguirse desarrollando.

¡A todos muchas gracias!!!

CAPÍTULO I

Todo inicia con un enorme deseo

Creo que el amor más fuerte y poderoso que una mujer puede experimentar es el amor hacia los hijos; que aun cuando ellos son también una gran responsabilidad y a veces nos vuelven un poco locas, y de repente nos agotamos en el diario trabajo de atenderlos y educarlos, yo, al igual que muchas mujeres en el mundo, tenía enormes deseos de ser madre; este era uno de mis más grandes sueños y anhelos de mi corazón.

Soy de la ciudad de Tijuana, Baja California; ciudad fronteriza al noroeste de México que colinda con la ciudad de San Diego, en el Estado de California, Estados Unidos. Es muy común y cotidiano para las personas que viven en ambos lados de la frontera, cruzar de un país a otro a realizar diversas actividades de la vida diaria, tales como: visitas a familiares, compras, diversión y visitas médicas. Es tan usual el ir y venir de un lado de la frontera al otro, que incluso hay intercambio de personal en algunas empresas que tienen presencia en ambos países, dada la cercanía territorial que existe.

Así conocí a mi esposo Brian, quien es originario de Alabama, Estados Unidos, y que por cuestiones laborales tenía algunos meses viviendo y trabajando en mi ciudad, en una empresa norteamericana. Una amiga que estaba trabajando en la misma compañía que mi esposo nos presentó, y a partir de ese día empezamos a salir y a conocernos.

Al poco tiempo de tratarnos iniciamos nuestro noviazgo, con cierta dificultad para comunicarnos por cuestión de los idiomas. El inglés irónicamente nunca había sido mi fuerte; sin embargo, cuando se crean lazos fuertes, los obstáculos se van eliminando.

Tuvimos un muy bonito noviazgo. Nos fuimos conociendo poco a poco, viajamos y disfrutamos muchísimo de esta etapa. El amor que nació entre nosotros fue una fuerza suficiente para romper con las barreras del lenguaje. Mas adelante con la práctica, aprendí a hablar y entender más el inglés, además de que Brian estudió español. No obstante, la comunicación entre los dos siempre ha sido el inglés. Aun así, hoy en día considero que sigo sin dominar al cien por ciento este idioma, sobre todo para términos laborales y legales, o en temas más profundos como los médicos.

Después de 4 años y medio de novios nos casamos, a mis 33 años, y decidimos seguir viviendo en la ciudad de Tijuana.

Brian y yo planeamos dejar transcurrir un año después de nuestra boda para empezar a tener hijos, así que después de pasado ese plazo, yo ya con 34 años de edad, decidimos que estábamos listos para buscar tener a nuestro primer hijo. Yo no era una jovencita, pero tampoco una mujer muy grande. A pesar de ello, estaba muy consciente de que los médicos siempre aconsejan tener hijos antes de los 35, por eso es que decidí buscar asistencia médica para embarazarme después de unos meses de intentarlo sin conseguirlo, pues no quería esperar más para concebir a mi primer hijo.

Como prestación de la empresa donde trabajaba mi esposo, ambos gozábamos de un seguro médico de atención con doctores y hospitales en la ciudad de San Diego, en Estados Unidos, debido a que la empresa era norteamericana.

Empecé a acudir con un médico especialista en ginecología, pues quería estar en la mejor forma para embarazarme. El médico me mandó realizar algunos exámenes y estudios, entre ellos, un ultrasonido, el cual mostró que tenía un problema en la matriz.

El diagnóstico fue **útero septo**, y el médico me explicó que esta anomalía era de carácter congénito. Dicha anomalía consiste en que el útero se encuentra dividido en dos cavidades que están separadas por una especie de tabique, formado por una pared fibrosa o muscular. Esta pared puede dividir solo una parte del útero (útero septo parcial), o hacerlo por completo (útero septo completo).

El útero septo o útero tabicado es la anomalía congénita más frecuente del útero. Ocurre durante la formación del útero de la mujer en el vientre de la madre.

Esta malformación es un factor de riesgo de aborto espontáneo recurrente, pero no siempre impide el embarazo a término. Uno de los problemas más frecuentes, es que las cavidades sean demasiado pequeñas para que el embrión se desarrolle, o que la placenta se implante en una pared con irrigación insuficiente. Incluso un pequeño septo o tabique uterino, reduce las posibilidades de lograr un embarazo.

Para mí este diagnóstico fue una gran sorpresa, puesto que anteriormente me había realizado algunos ultrasonidos, y no se había visto o detectado esta malformación en mi matriz. Además de que en las mujeres de mi familia nunca se había presentado ninguna situación o problema para concebir; ni durante sus embarazos ni en sus partos. El médico que me trataba en ese momento no le dio mucha importancia a este problema anatómico, y me comentó que muy probablemente al consultar con un médico especialista en fertilidad, este me propondría hacer una operación correctiva, la cual según su criterio no era necesaria.

Pese a su opinión no me quedé conforme, y no hice caso a su recomendación. Siguiendo mi intuición, fui a una clínica especializada, a consultar a un médico cirujano experto en fertilidad.

Gracias a Dios contábamos con seguro médico que cubrió todos los gastos generados de exámenes, análisis y estudios requeridos. ¡Qué importante es contar con el respaldo de un seguro médico!. Les recomiendo altamente que protejan a su familia con un seguro médico. Es la mejor inversión que se puede hacer, ya que da tranquilidad en el aspecto económico al enfrentar una situación de salud de cualquier tipo, que se puede presentar a cualquiera y en el instante menos esperado. Además de la parte económica, es la seguridad de que tu ser querido enfermo será atendido y tratado con lo que requiera, para recuperar su salud. Quizá esto no lo veamos cuando estamos sanos, pero siempre pueden existir situaciones sorpresivas o de emergencia y más cuando se involucran embarazos y nacimientos de nuestros hijos. Créanme es un alivio emocional enorme, especialmente cuando a quien más amamos necesita de atención especializada para poder vivir.

Justo a pocos días después de haberme realizado los estudios y exámenes en la clínica de fertilidad, para asignarme un tratamiento y corregir la situación de mi matriz, ¡me di cuenta de que estaba embarazada!

Tuve sentimientos encontrados. Por un lado, me sentía muy feliz, pero en otro sentido, estaba doblemente preocupada. Primero, por el riesgo de tener un aborto por la malformación que me habían detectado en el útero, y segundo, porque con la finalidad de asegurarse de que no hubiera nada físico que interfiriera con la concepción, me realizaron un estudio clínico llamado **histerosalpingografía**, que es una técnica radiológica utilizada para detectar problemas de infertilidad, donde se explora la cavidad uterina y las trompas de Falopio, introduciendo un medicamento que puede llegar a ocasionar malformaciones en los bebés.

El único recurso que me quedó por hacer fue orar, orar con todas mis fuerzas y con toda mi fe, pidiéndole a Dios que mi bebé no hubiera sido afectado por este estudio y que lograra crecer y desarrollarse completamente saludable.

La otra acción que tomé inmediatamente, fue ponerme en manos del ginecólogo para revisión y cuidado de mi embarazo. Aun así, a las pocas semanas ocurrió lo que tanto temía. Sobrevino un aborto espontáneo, perdiendo a mi primer bebé concebido.

Los médicos me dieron la opción de esperar a que mi cuerpo expulsara los restos de mi bebé, o someterme a un legrado. Escogí esta última opción, pues me sentía muy triste de pensar que pudiera traer al bebé sin vida dentro de mí. Aunque tenía apenas unas cuantas semanas de gestación, recuerdo salir del hospital bastante afectada, llorando, con un dolor emocional muy fuerte. Para mí se trataba de una gran pérdida, además del sentimiento de culpabilidad que experimentaba por haberme realizado ese estudio, pues pensaba que tal vez eso había ocasionado el aborto, pese a que los doctores me explicaron que estos casos suceden de manera natural y no por algo que la madre hubiera hecho o dejado de hacer.

Sabía que es común y natural que las mujeres que pierden así a sus bebés, tengan ese sentimiento de pérdida real, pero después de vivirlo y sentirlo en mi propia experiencia, puedo decir que es uno de los dolores más profundos que puede pasar una madre. La reacción de mi esposo ante este suceso, fue de tranquilidad y hasta cierto punto pensé que él consideraba exagerado mi duelo por la pérdida de nuestro bebé. Lo cierto es que, realmente me invadió la tristeza.

Pasadas algunas semanas, empecé a sentirme más tranquila, me fui liberando de aquella culpa, y reflexionando reconocí que yo no era responsable de lo ocurrido a mi bebé. Dejé que mi gran fe reconfortara mi dolor, al aceptar que todo pasa por una razón y que el plan de Dios siempre es bueno. Empecé a ver las cosas con más esperanza, con más positivismo, y a sobreponerme al dolor siguiendo adelante con mi vida y enfocándome en mejorar mis condiciones físicas para convertirme en madre. Tenía la posibilidad de corregir la anomalía del útero, por medio de una cirugía y así poder embarazarme de nuevo, con la seguridad de tener un embarazo normal y dar a luz a un bebé sano y sin complicaciones en mi salud. Creo que el aceptar que por algo Dios así lo quiso, me daba tranquilidad y confianza de que todo en el futuro estaría bien.

Según la información del sitio de **mayoclinic.org**, este tipo de abortos son muy comunes. La estadística indica que entre el 10% y 20% de los embarazos terminan en abortos espontáneos antes de las 20 semanas de gestación y se cree que la tasa es incluso más alta, debido a que hay ocasiones que algunas mujeres ni siquiera llegan a darse cuenta que estuvieron embarazadas.

Tuvieron que transcurrir más de 6 meses del legrado para poder operarme y durante ese período volví a mi vida cotidiana. De repente me desesperaba, quería que ese momento pasara rápido para poder tener mi cirugía y así estar en condiciones de volver a embarazarme. En algún momento llegué a ver esa pérdida como un retraso a mis planes. Sentía la presión por mi edad, dado que serían varios meses más para poder operarme y posteriormente, otros más para poder concebir.

En este punto es donde aprendí que muchas veces, aunque tengamos un plan, la vida tiene otros planes diferentes y no podemos controlarlo todo. Poco a poco me fui dando cuenta de que esos sucesos inesperados en la vida simplemente pasan, y tenemos que aprender a aceptarlos y esperar el tiempo correcto para continuar con nuestros planes. A pesar de lo ocurrido, nunca tuve miedo de volver a embarazarme, no por lo menos en esa ocasión. Al contrario, moría de ganas de que llegara el momento adecuado para volver a intentarlo.

Por fin en marzo de 2008 pude llevar a cabo la operación que requería, llamada **metroplastía histeroscópica** y que consiste en extraer una pared que divide al útero en dos partes, para que la cavidad de éste quede libre y así el bebé tenga el espacio necesario para crecer. Fue una cirugía ambulatoria con anestesia general, no invasiva, y gracias a la tecnología, sólo me hicieron dos pequeñas incisiones, que prácticamente no dejaron cicatriz.

Cuando desperté, las únicas molestias eran las náuseas y el mareo, que en lo personal es un efecto secundario que siempre he tenido después de haberme sometido a alguna anestesia. Afortunadamente no me sentía mal, sino hasta después de algunas horas cuando llegué a mi casa, fue que empecé a sentir un dolor intenso que pude controlar con el medicamento. Las molestias me duraron los siguientes 5 días y no fue hasta pasada una semana que pude iniciar mis actividades normales.

"El deseo respaldado por la fe no conoce la palabra imposible". Napoleon Hill

El reporte que me dio el cirujano con respecto de mi operación, fue que la malformación en el útero se había logrado corregir exitosamente, por lo tanto, yo había quedado en las condiciones óptimas para llevar un embarazo de manera normal.

CAPÍTULO II

En búsqueda de mi sueño

"La esperanza es la certeza de que algo tiene sentido, independientemente de cómo resulte".
Václav Havel

Pasando aproximadamente 3 meses de la recuperación de la cirugía, el médico me recetó un tratamiento oral para ayudar a la ovulación, por un período de 3 meses. En ese lapso, mi esposo y yo viajamos a la ciudad de Boston al bautizo de mis sobrinos gemelos Diego y Mateo, hijos de mi hermana Elizabeth quienes en ese entonces vivían allá.

Después del desayuno que tuvimos por la celebración del bautizo, inesperadamente y sin ningún motivo aparente, me empecé a sentir con malestar general y náuseas, lo cual nos pareció muy raro tanto a mi esposo como a mí y aun cuando ya no se repitieron estos síntomas, fue en ese instante que sospechamos que podría estar embarazada.

Aprovechamos la visita para pasear y conocer la ciudad por unos días. Mi esposo regresó a casa y yo decidí quedarme otros días más en Boston con mi hermana, para ayudarle un poco con sus gemelos, que tenían apenas un par de meses de nacidos.

En uno de esos días fue necesario llevar al Hospital de Niños a uno de los bebés para una revisión médica, por lo que acompañé a mi hermana. Me mantuve a distancia del área de radiología y toma de Rayos X, puesto que en mi mente había cierta seguridad de que estaba embarazada y pensando en que pudiera poner en riesgo a mi bebé no quise ni acercarme. No comenté nada con mi hermana, pues quería confirmar con la prueba de embarazo mi sospecha y también por respeto a un acuerdo entre mi esposo y yo de no decir nada hasta que, en caso de ser cierto, hubieran pasado algunos meses de embarazo.

Algunos días después, todavía en la estancia en casa de mi hermana, me hice una prueba de embarazo comercial obteniendo el tan esperado resultado **"positivo"**. ¡No pude aguantar la emoción y le llamé de inmediato a mi esposo por teléfono para darle la hermosa noticia!

Ya de regreso en casa, y una vez que el médico de la clínica de fertilidad corroboró positivamente la noticia con dos exámenes de sangre que me realizó en dos ocasiones diferentes, para ver la variación en el conteo de hormonas y poder estar seguro que el embarazo era un hecho, me dio de alta canalizándome al especialista en Ginecología y Obstetricia a fin de continuar las revisiones de rutina durante el proceso de gestación, que se pronosticaba de forma normal.

Yo me sentía muy segura y tranquila de que todo iba ocurriendo de manera excelente. Mi esposo y yo estábamos más que felices, súper emocionados, teníamos muchas ganas de dar la noticia a toda la familia y compartir con ellos nuestra enorme alegría, pero optamos por callar un poco más y esperar a que se cumpliera el primer trimestre del embarazo, pues después de la dolorosa experiencia anterior, temíamos que algo similar pudiera suceder y no queríamos dar falsas expectativas a la familia y hacerlos pasar de nuevo junto a nosotros por esa difícil situación.

Durante esos tres primeros meses, sentí en algún momento algo de ansiedad e incluso tuve pensamientos negativos. De pronto me entraba el miedo y la duda acerca de si esta vez mi bebé lograría nacer a término; pero redirigía mis pensamientos, enfocaba mi mente para pensar de manera positiva y visualizaba que esta vez sí sería "la buena". Puse toda mi confianza en Dios y en el ginecólogo que me asistía, además, sentía que había sido atendida adecuadamente con la cirugía correctiva.

Aproximadamente al inicio del segundo trimestre, la ginecóloga que me atendía, me envió a consultar a un especialista para revisar si hubiera alguna anormalidad en mi bebé debido a mi edad, pues yo tenía ya 35 años. Desconozco si todos los ginecólogos hagan este tipo de revisiones, pero la mía si me los pidió. Al asistir a mi cita con el especialista, recuerdo que tan solo al escuchar la explicación de las posibles anomalías que mi bebé pudiera tener, me hizo inmediatamente rechazar cualquier prueba y decidí irme de la oficina del doctor. Para mí no tenía ningún sentido pensar en anormalidades y mucho menos buscarlas. Me proponía realizar la prueba de amniocentesis, que consiste en insertar una fina aguja en el útero a través del abdomen, para extraer una pequeña muestra del líquido amniótico que envuelve al feto y analizarlo. Además de ser ilógico para mí enfocarme en esos posibles defectos en mi bebé después de haber deseado tanto embarazarme, había leído que este tipo de examen puede, aunque en un porcentaje del 1% ocasionar un aborto, por lo que decidí no hacerme este estudio y sobre todo preferí tener la confianza en Dios, de que mi bebé llegaría bien y estaría bien.

Cada día era más grande mi deseo de ser mamá, de poder cargar en mis brazos a mi bebé. Así que aproximadamente a las 14 semanas de embarazo, fui a que me realizaran un ultrasonido en Tijuana. Queríamos conocer el sexo del bebé, y con este estudio supimos que era una niña y que su desarrollo se veía muy bien. Decidimos hacer el ultrasonido en Tijuana, porque los doctores en Estados Unidos acostumbran esperar a que hayan pasado aproximadamente cuatro meses de gestación para informarle al paciente si será niño o niña. Estas son algunas ventajas de vivir en una zona fronteriza, el tener acceso a diferentes servicios, según como lo desee el paciente.

Recibimos la noticia con muchísima alegría. Nunca olvidaré la experiencia tan hermosa al escuchar por primera vez el corazón de mi bebé y verla moverse, siendo una miniatura. Fue algo impresionante ver que había vida dentro de mí. No puedo ni explicar con palabras lo que sentí. Tuve lágrimas de felicidad al saber que iba todo muy bien, y que ese pequeño ser pronto estaría en mis brazos.

Elegimos hacer el feliz anuncio a nuestra familia el día de Acción de Gracias, que es una costumbre típica y muy importante para los estadounidenses. Nos preparamos para recibir a toda mi familia en casa y darles la sorpresa con una deliciosa cena, para celebrar el "Thanksgiving". Mi esposo cocinó el tradicional pavo y otras recetas muy ricas y características de Alabama, nuevas para mí y todos mis familiares.

Esta usanza de reunirse en torno al Día de Gracias no estaba entre las tradiciones de mi familia, y a pesar de que muchos habitantes de Tijuana la han adoptado, nosotros no, pues mis papás son originarios de estados del interior de México, lejos de la influencia cultural de Estados Unidos. Pero a partir de que me casé y que Brian y yo empezamos a celebrarlo en casa junto con toda mi familia, esta se convirtió en una nueva tradición que festejamos todos los años.

Entonces, ilusionado con dar la noticia, mi esposo hizo un video hermoso con el ultrasonido que teníamos grabado, para pasarlo cuando toda la familia estuviera reunida. Llegada la ocasión y una vez que estábamos todos juntos, sentamos a todos en la sala y les dijimos que queríamos compartir un video con ellos; sin darles más detalles, lo empezamos a pasar en la televisión. Todos nos felicitaron y se pusieron muy felices por nosotros, nos abrazaron y nos desearon toda la felicidad con esta hermosa bebé que venía en camino.

El acontecimiento era muy especial y emocionante para ambas familias: ¡Era el primer nieto de parte de mi esposo y en mi familia sería la primer niña nieta!, después de varios nietos varones. De manera que no solo la esperábamos con la alegría natural de un integrante más, sino que además, ¡había un toque especial con su llegada para todos!

Era tanta nuestra ilusión, que para las fiestas navideñas de 2008 decidimos viajar a Birmingham, Alabama, a casa de mis suegros, para visitar a toda la familia de mi esposo y compartir en persona nuestra alegría. Mi suegra estaba tan feliz de que por fin se convertiría en abuela, que para cuando llegamos ya le había comprado infinidad de cosas a su nieta, incluso ella junto con mi suegro, nos ayudaron a elegir y comprar los muebles para su cuarto.

Todos estábamos muy emocionados y felices con la llegada de nuestra princesa. Mi esposo pintó el cuarto que teníamos preparado para ella con colores verde y rosita pastel, colores que habíamos elegido después de ver revistas de decoración. También iniciamos con toda la planeación para el Baby Shower, trabajando en la impresión de las invitaciones, buscando salón adecuado para el evento, eligiendo la decoración, etc. Todos los preparativos para la fiesta tradicional de recibimiento al nuevo miembro de la familia.

Al igual que muchas madres primerizas, me compré un libro que servía de guía en la evolución del embarazo semana tras semana, para estudiar e informarme de todo el desarrollo de mi bebé. Quería conocer todos los cambios y síntomas que pudieran suceder en mi cuerpo para estar alerta y cuidarme lo mejor posible.

Sin embargo, entre las semanas 24 y 25 de mi embarazo empecé a sentir algo extraño como una mezcla de cólicos similares a los que provoca la menstruación y patadas muy intensas del bebé; era como una sensación de contracciones y estiramientos dentro de la matriz. Uso la palabra "sensación", porque en esa época aún no conocía exactamente como sería una contracción. Era una experiencia nueva, que nunca había vivido.

No les presté importancia a estos síntomas, yo continuaba guiándome etapa por etapa del libro para embarazadas que estaba leyendo y como en él se referían a que era normal después de la semana 20 empezar a sentir las llamadas contracciones de Braxton Hicks, (esos "ejercicios de preparación" que hace el útero antes del parto), supuse que estos malestares serían "normales", y opté por no notificar al doctor nada de esto.

En los días siguientes, recuerdo perfectamente ese fin de semana, estaba yo acostada en el sillón de mi casa viendo televisión, cuando empecé a sentir unas patadas más fuertes, con algo de incomodidad y un mínimo de dolor. Aun ese día, no le tomé importancia.

Después de haber vivido todo lo que siguió a esta etapa, mi consejo para cualquier embarazada y sobre todo a las mamás primerizas, es que avisen a sus médicos de cualquier síntoma que tengan y no asuman que algo es normal, sin consultar a un doctor. Es mejor preguntar de más y sin pena, para poder así en algunos casos llegar a prevenir cualquier anomalía.

En mi experiencia, sí recomiendo leer un libro de embarazo para entender un poco más como va cambiando tu cuerpo y qué está sucediendo dentro de ti, pero nunca para auto diagnosticarte en lo que vayas sintiendo, nunca para sustituir la revisión y opinión del ginecólogo. De igual manera considero que es muy importante, siempre buscar a un doctor que te atienda y sea paciente contigo para despejarte todas tus dudas y preguntas.

A veces cuando tenemos seguros médicos, donde existe la limitación para elegir un doctor dentro de un grupo médico, nos lleva algo de tiempo encontrar al especialista idóneo para cada persona, pero es sumamente importante y además muy útil, darte a la tarea de investigar por internet varias referencias de personas que ya hayan sido atendidas con él o ella, así como informarte acerca de la experiencia médica que tenga dicho especialista.

La vida tiene sorpresas

El lunes siguiente a ese fin de semana amanecí con un pequeño sangrado. Fue hasta entonces que me di cuenta que algo no estaba bien y decidí ir al hospital. Mi mamá vivía a un lado de mi casa y le pedí que por favor me llevara al hospital en San Diego, que, después de hacer la línea para cruzar la frontera y entrar a Estados Unidos, serían alrededor de 30 minutos de camino. Preferí decirle a ella que me llevara, a esperar a que mi esposo llegara de su trabajo por mí, de esa manera sería más práctico y rápido llegar. Ahí estaban los médicos que me atendían. Mi mamá se preocupó bastante, incluso creo que más que yo. Creo que hasta este punto, yo no estaba consciente de la gravedad de la situación, y pensaba que quizá me recomendarían reposo nada más.

Llegué tranquila al hospital pues no me sentía mal, ni tenía ningún dolor. Sin embargo al revisarme, el doctor me dijo que había ruptura de membranas y que ya no podría irme a mi casa. Tendrían que trasladarme en-ambulancia a un hospital con un área de neonatología, en donde pudieran atendernos mejor tanto a mi como a mi bebé, en caso de un parto prematuro, y por fortuna dicho hospital se encontraba tan solo a unas cuadras. Ahí yo permanecería en cama pues era necesario estar en absoluto y estricto reposo, pues la bebé podía nacer en cualquier instante, cuatro meses antes de lo esperado. Ahora que veo hacia atrás cómo fueron sucediendo los hechos, valoro la bendición de haber estado tan cerca de una Institución médica experta en este tipo de emergencias durante mi embarazo.

Al terminar de escuchar toda la explicación que el médico me dio de lo que estaba pasando, me di cuenta de lo delicado de la situación, y a los pocos minutos de recibir su diagnóstico, empecé a interiorizar sus palabras. No podía creer lo que estaba pasando. Fue un impacto muy grande saber lo que ocurría. Cuando finalmente el doctor salió del cuarto, empecé a llorar y a sentir muchísimo miedo de perder a mi bebé. Mi embarazo estaba avanzado, pero no lo suficiente para poder tenerla viva o completamente sana, si nacía, por lo que lo único que podía hacer era pedirle a Dios con todas mis fuerzas que me ayudara a cuidarla para que naciera con bien, y así lo hice. Le llamé inmediatamente a mi esposo para decirle lo que me había comunicado el doctor. Él se preocupó muchísimo, tampoco podía creer la terrible noticia puesto que el embarazo hasta ese momento había transcurrido de manera normal. Él, aunque no me lo dijo en ese momento, pensó que perderíamos a nuestra hija.

Al llegar al hospital especializado a donde me transfirieron, me inyectaron esteroides de manera preventiva. Estas sustancias son una forma sintética semejante a las hormonas naturales humanas, que ayudan a acelerar el desarrollo de los pulmones en bebés prematuros, incrementando la probabilidad de supervivencia del bebé. El uso de ellos es de muchísima ventaja para bebés que están por nacer entre las semanas 25 y 33 de gestación, ya que estos órganos vitales se terminan de desarrollar justo hacia el final del embarazo. Normalmente se aplican dos inyecciones, con un espacio de

24 horas entre cada una, llegando al bebé a través del torrente sanguíneo de la madre.

Me instalaron en un cuarto equipado para seguir el embarazo de mujeres que deben permanecer en reposo absoluto y con monitoreo médico las 24 horas, hasta llegar el día del parto.

Pasaron varios días, en los cuales no debía levantarme de la cama para nada, literal para nada, mucho menos realizar ningún esfuerzo, nada que pudiera ocasionar contracciones. Fueron días muy difíciles y de gran estrés. Era muy desgastante emocional y físicamente estar acostada constantemente, con el miedo de que cualquier movimiento que hiciera pudiera afectar a mi bebé, además de que sufrí de fuertes dolores en la espalda por permanecer en la misma posición en la cama. Mi esposo me acompañó quedándose a dormir conmigo algunas de las noches después de salir de su trabajo. Para él era complicado cruzar la frontera de Tijuana a San Diego, debido a que las líneas de espera eran muy largas para pasar a Estados Unidos, y realmente ni los médicos sabían cuánto más duraría mi embarazo. Había mucha incertidumbre, por esta razón él trataba de ir al hospital y quedarse el mayor tiempo posible después de su trabajo, para procurar estar presente durante el nacimiento de nuestra hija.

Los días pasaban, y yo escuchaba comentar a doctores y enfermeras que había mujeres que lograban alargar sus embarazos exitosamente al conservar el reposo total; incluso que algunas llegaban a completar el período de gestación normal. Me decían que había casos extremos que hasta con las membranas rotas, sin líquido amniótico en la matriz, lograban llevar sus embarazos a término. También me trataban de animar explicándome que cada día y semana que el bebé se quedara dentro de la madre, hacía una diferencia enorme en sus probabilidades de sobrevivencia y de vivir sin ninguna secuela.

Al tercer día de estar internada en reposo absoluto, y a pesar de tener todos los cuidados que debía, empecé a perder líquido amniótico. Para este entonces ya estaba yo bastante angustiada. Parecía como si hubiera habido un pequeño orificio en el saco amniótico por el que se empezó a vaciar poco a poco, y al más mínimo movimiento que realizaba, más liquido se escapaba. El saco amniótico es la bolsa de membranas que contiene el líquido en el que se encuentran los embriones desarrollándose y creciendo hasta su nacimiento, y si este llega a romperse y vaciarse antes de tiempo, el feto corre el riesgo de no desarrollarse correctamente o puede llegar al punto de perder la vida dentro de la matriz.

Aun cuando este preciado líquido se escapaba, los médicos se mantenían optimistas diciéndome que estábamos bien y que mientras se conservara dentro de mí, la bebé seguiría desarrollándose, así que la meta sería alargar lo más posible el período del embarazo. Si lograba llegar a las 27 semanas, aumentaba muchísimo más la probabilidad de nacer y tener una vida sin secuelas. También nos comentaron los médicos y enfermeras, que las niñas estadísticamente tienen mayores probabilidades de sobrevivir que los niños. Nunca me explicaron la razón científica, lo cierto es que simplemente el saberlo me daba mayor esperanza.

La mayoría de los bebés (el 80%) que llegan a las 26 semanas de gestación sí sobreviven; y aquellos que nacen a las 28 semanas tienen un 94% de posibilidad de sobrevivir. La mayoría de los bebés nacidos a partir de la semana 27 sobreviven sin ningún problema neurológico.[1]

Luego de 7 días de estar internada y en completo reposo, empecé a sentir contracciones fuertes. Al revisarme, los médicos me explicaron que ya no habría manera de evitar el parto, por el nivel de dilatación en el que ya me encontraba.

---

[1] https://espanol.babycenter.com/a5600161/perspectivas-de-vida-y-desarrollo-de-un-beb%C3%A9-prematuro

Tuve una mezcla de sentimientos: por un lado, preocupación por la vida de mi niña, y a la vez, sentía algo de alivio de ya no vivir bajo la presión continua de cuidarme de cualquier movimiento que provocara la pérdida del líquido amniótico. Me sentía segura y de cierta manera tranquila conmigo misma, pues sabía que yo había hecho todo lo posible para que mi bebé se lograra aun cuando no pudiera alargar más el embarazo, y que si era así, era porque así tenía que ser. Había que afrontar esta realidad con la mejor actitud de entereza y fe.

Me prepararon para llevarme a la sala de partos, donde a las pocas horas, no muchas más, aproximadamente a las 11 pm, nació mi bebé por parto natural sin ninguna complicación más que la de haber nacido casi 4 meses antes de término. Recuerdo mi parto tranquilo con contracciones fuertes al principio, pero solo por un plazo muy corto, porque en cuanto me pusieron la anestesia epidural dejé de sentir dolor. Cuando nació mi hija no hubo ni siquiera oportunidad de verla. En cuanto nació se la llevaron de inmediato a la unidad intensiva de bebés. Mi esposo y mi familia me contaron que vieron como el personal médico llevaba a mi niña envuelta en una bolsa que parecía de plástico, saliendo a toda velocidad para ser asistida y poder salvarle la vida.

Caroline nació a las 26 semanas de gestación, con un peso de 820 gramos, el 7 de marzo de 2009.

Tienes que seguir empujando hacia esos sueños, no importa los contratiempos que sucedan.

Yo estaba exhausta. Habían pasado 7 largos días, de los más difíciles de mi vida, sin poder moverme o levantarme de una cama, con la angustia y preocupación por la vida de mi hija; además del cansancio físico y de los dolores en la espalda, tan intensos, que tuvieron que administrarme medicina intravenosa muy fuerte para aliviar el dolor durante los días de reposo. Sólo necesitaba descansar y dormir sin el constante estrés.

CAPÍTULO III

Cuando la realidad supera lo inimaginable

A la mañana siguiente por fin pude pararme para conocer a mi hija. No tenía idea de cómo sería ese encuentro, así que me dirigí al piso en donde estaba la unidad intensiva neonatal. Llegué a su cunita y la vi por primera vez. ¡Fue algo impresionante!. Era tan pequeñita e indefensa, conectada a tantos tubos y aparatos para poder mantenerla con vida; con asistencia para respirar y sensores conectados por todo su cuerpecito. Fue tremendamente impactante y doloroso verla tan pequeña y frágil. Yo nunca había visto a un bebé prematuro. Es casi como ver la imagen de un feto dentro del útero de la mamá. Era evidente que aún le faltaban meses de desarrollo gestacional para poder crecer y tener la forma y el tamaño de un bebé nacido en término completo.

En cuanto la vi me puse a llorar. Recuerdo perfectamente ese instante en el que no la podía cargar. Sólo podía tocarla un poco, mientras la enfermera trataba de consolarme diciéndome que no tenía por qué llorar, porque mi bebé estaba estable. Me imagino que para los médicos y enfermeras que trabajan en una unidad intensiva quizá les sea habitual ver estos casos. Pero para mí, ella era la bebé que con tanto amor había estado esperando, era parte de mi ser, y estaba tendida ahí, en una camita luchando por vivir. No pude decir más, no podía creer lo que estaba viviendo y sólo seguí llorando sin poder parar.

Durante los siguientes días constantemente me venía un sentimiento de gran tristeza, incluso cuando mi esposo y yo salíamos a comer cerca del hospital. De la nada me salían las lágrimas, sin consuelo alguno. Sentía un dolor enorme de tener a mi bebé recién nacida en esas condiciones.

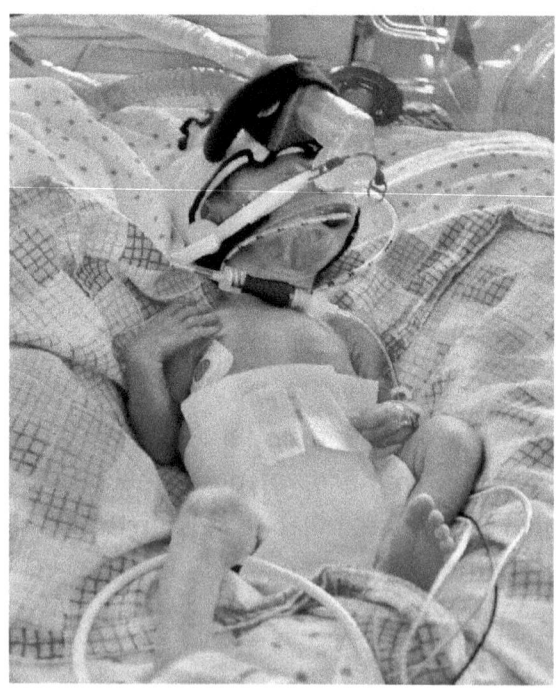

Desde ese primer día que Caroline llegó al mundo, los médicos me informaron que lo mejor que podía hacer por ella, era extraer mi leche para alimentarla, porque era muy importante almacenar desde las primeras gotas que empezaran a salir al inicio de la lactancia. A estas primeras gotas se les llama **calostro** y se le atribuyen maravillosas propiedades para el sistema inmunológico de todos los bebés, pero todavía más importante, para los prematuros.

El calostro es el alimento ideal para un recién nacido; es muy concentrado y repleto de proteínas, y tiene una alta densidad de nutrientes. Hasta dos terceras partes de las células del calostro son glóbulos blancos que protegen contra las infecciones y ayudan a los bebés a empezar a combatirlas por sí mismo. Es por esto que resulta fundamental a la hora de crear su sistema inmunitario.[2]

Con esto en mente, yo solo pensaba en ofrecerle lo mejor que podía a mi hija y bajo esas circunstancias se trataba de su alimento. Así que, inmediatamente, me dispuse a extraer mi leche de forma mecánica, a través de un "sacaleches"; que simula la succión del bebé sobre el pezón materno. Seguí al pie de la letra todo lo que me indicaron: tomar mucha agua, extraer mi leche cada 3 horas, e ir almacenándola en frascos en el refrigerador.

---

[2] https://www.medela.es/lactancia/viaje-de-las-madres/calostro

En cada frasco registraba la fecha y hora de extracción, para poder llevar así un control. Al principio mi producción era mayor al consumo de mi hija, lo cual me dio oportunidad de ir acumulándola en el congelador, con sus respectivas etiquetas. La leche materna puede durar en el refrigerador hasta 3 días, pero en el congelador puede durar hasta 3 meses. Esto fue una gran ventaja en los primeros meses, dándonos la oportunidad de almacenar una gran dotación de alimento para mi bebé, de manera eficiente y segura. Para descongelarla simplemente se pone en un frasco de agua tibia y en unos pocos minutos estará casi lista, hasta tener una temperatura ambiente, o si se desea, también se puede entibiar un poco hasta obtener la temperatura que normalmente tiene cuando sale del pecho materno.

Desde estos primeros días y durante toda la estancia de mi bebé en el hospital, tuve la precaución de cuidar mi salud para no enfermarme. Me preocupaba mucho que me diera una gripa o cualquier otra enfermedad que pudiera ser contagiosa. Y es que en ese año particularmente hubo una pandemia muy fuerte de influenza.

La fuerza de mi mente me hacía enfocarme en que yo estaría sana para mi hija. Me lavaba constantemente las manos y procuraba mantener la mejor higiene, limpiándome las manos con gel desinfectante cuando hacía compras en la calle, debido a que el riesgo para los bebés prematuros de contraer cualquier virus, incluso una gripa común, puede llegar a ser fatal. Además de que si yo me enfermaba, no tendría la oportunidad de visitar a mi hija en el hospital. Las reglas para visitantes ahí son muy estrictas, por obvias razones; especialmente en la unidad de neonatología. Lo hacen para proteger la salud y la vida de sus pequeños pacientes. Lo demás lo puse completamente en manos de Dios y de los médicos.

Pero había un reto más. La manera de alimentar a mi pequeña hija no era fácil. Para poder darle la leche materna, que con tanto esfuerzo y cuidado me extraía diariamente, lo tenía que hacer a través de una sonda nasogástrica (sus siglas en inglés NG-tube). Esto, es un tubo de plástico, suave y flexible, extremadamente delgado, que se introduce por la nariz del bebé, pasa por la parte de atrás de la garganta atravesando el esófago, hasta llegar al estómago. Esta forma de alimentación es común en los bebés enfermos o prematuros, que obviamente no son capaces de succionar ni tragar lo suficientemente bien para alimentarse con biberón o el pecho. Es la manera más eficiente y segura de brindarle una buena nutrición a bebés en las condiciones en que se encontraba mi hija.

Los primeros días yo ansiaba cargarla. Tenerla en mis brazos era lo único que me daba consuelo a pesar del miedo que me daba moverla, pues con su evidente fragilidad, sentía que la podía lastimar. Aun con la supervisión de las enfermeras mi mayor temor era cambiarle su pañal.

Al paso de los días me fui familiarizando con la condición de mi bebé y asimilando lo que estaba viviendo. El personal médico y de enfermería me iban indicando qué podíamos esperar de avances cada semana, así como el tiempo que necesitaba transcurrir para que ella pudiera respirar sola; debido a la inmadurez de su cerebro y de su médula espinal, (que entre otras funciones controla la respiración) ella sufría episodios de **apnea**.

Esta es una anomalía común en la respiración de bebés prematuros, pausándola por períodos de 15 a 20 segundos mientras duermen, disminuyendo su nivel de oxigenación y su frecuencia cardiaca. En cuanto esto le ocurría a mi hija, uno de los monitores a los que estaba conectada emitía un sonido de alarma e inmediatamente llegaba la enfermera en turno a moverle su cuerpecito, como a manera de hacerla consciente de que volviera a respirar. Fueron tantos los días que pasé dentro de la unidad neonatal, que fui aprendiendo, gracias a que las enfermeras me iban explicando, a cómo interpretar los números de los monitores que marcaban su pulso cardiaco, su nivel de oxigenación, y otros dispositivos que vigilaban sus signos vitales.

Transcurrieron varias semanas para poder sentirme segura de cambiarle sin ninguna ayuda el diminuto pañal que usaba. También llegó el día en el que me dijeron que debía ayudar a bañarla, y a pesar de que me daba pavor estarla moviendo, poco a poco fui tomando confianza. Algo que me asustaba muchísimo durante la rutina de su baño, era el hecho de que tenían que ser removidos todos los sensores a los que estaba conectada, y yo dudaba entre otras cosas si seguiría respirando bien, si su corazón seguiría latiendo normal, etc. Era muy difícil para mí controlar los nervios.

Había días en los que de repente experimentaba sentimientos de culpa, cuestionando el por qué ella estaba ahí en esa camita, luchando por recuperarse para poder vivir, sin poder respirar por sí misma, mientras que yo estaba en perfectas condiciones físicas. Me preguntaba: ¿por qué pasa esto?, ¿por qué ella lleva la peor parte, siendo una vida que apenas empieza?. Ahora me doy cuenta de que yo estaba fuerte y con salud, porque iba a necesitar de toda esa fuerza y determinación para sacar adelante a mi hija. Pero en ese instante yo no lo veía así. No tenía ni la menor idea de lo que nos tocaría vivir en los próximos años.

CAPÍTULO IV

El amor supera al dolor

Caroline quedó internada en el Hospital de San Diego, California en Estados Unidos; mientras que nosotros, mi esposo y yo, seguíamos viviendo del otro lado de la frontera, en Tijuana. Así que todos los días yo cruzaba de Tijuana a San Diego y de regreso, manejando aproximadamente una hora y media para poder verla y pasar el día con ella.

Además de mi enorme deseo de estar con ella, sabía de lo importante que era cargarla y ponérmela en mi pecho. El contacto de piel con piel era esencial para su evolución. Esta práctica ha existido en culturas tradicionales de manera indistinta y ahora se entiende desde el punto de vista científico como una manera increíblemente beneficiosa de darle la bienvenida a un bebé, tanto para la madre como para el mismo bebé. Algunos estudios científicos han comprobado que el contacto piel con piel, provoca una liberación de oxitocina, conocida incluso como "la hormona del amor" en la mamá, que entre otras cosas, ayuda a que el útero se contraiga, lo que reduce la hemorragia y también calienta el cuerpo de la madre, lo que le da confort al bebé.

Según un estudio hecho en la década de los años 60 en bebés prematuros, (realizado por el Dr. Philip Sunshine, profesor emérito de pediatría en Stanford Children's Health y reconocido como uno de los creadores de la neonatología), el contacto piel con piel es parte del protocolo en las unidades intensivas neonatales (NICU por sus siglas en inglés), por sus múltiples beneficios; los más inminentes son la regulación de la frecuencia respiratoria y cardiaca, y la temperatura[3].

Así pasaba yo los días con mi hija en el hospital, y regresaba a casa casi al anochecer. Esta era mi rutina diaria, además de seguir extrayéndome la leche, simulando los tiempos en los que un bebé recién nacido comería.

Algunas veces mi mamá me ayudaba entre semana yendo al hospital en las mañanas a cargar a Caroline, para que yo pudiera llegar más tarde y así descansar un poco. Me sentía muy cansada emocionalmente, dado que era extremadamente doloroso para mí estar viviendo sin poder llevarme a mi bebé a casa.

---

[3] https://www.stanfordchildrens.org/es/health-topics/magazine/give-em-some-skin

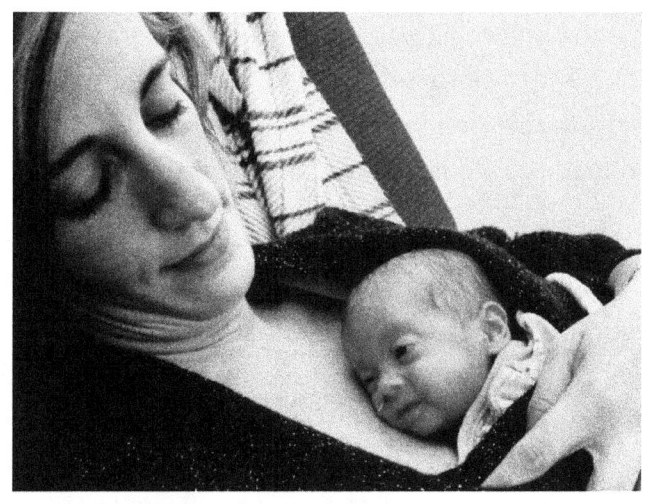

Toda mi vida empezó a girar alrededor de mi hija. Nada era más importante para mí y lo único que me motivaba era ir a verla, estar con ella y hacer lo que tuviera que hacer para tenerla lo más pronto posible en casa conmigo y con mi esposo. Todo lo demás no importaba pues me sentía incompleta, rota por dentro. Aun cuando tenía a mi bebé viva gracias a Dios, creo que yo estaba sumida en una depresión constante; sentía que me faltaba una parte de mi ser. Era inconcebible poder hacer una vida normal, pues no tenía ganas de hacer nada, ni de comer. Lo que me alentaba a hacerlo, era el saber que tenía que nutrirme bien para producir una leche materna de calidad para ella, de otra forma, probablemente no me hubiera interesado alimentarme tampoco. Todos los días comía sin apetito el mismo platillo: pollo, arroz y verduras. Nada me hacía feliz.

Pensaba que cualquier actividad que hiciera ajena a mi bebé y que me hiciera sentir bien, la estaría traicionando. Yo "disfrutando", mientras ella estaba ahí en esa camita sola con médicos y enfermeras, alejada de sus padres.

Había gente que me decía que tenía que distraerme yo también, no solamente estar en mi casa e ir al hospital. Seguramente que cada persona reacciona de manera distinta ante este tipo de situaciones, pero la mía, fue de esa manera. No obstante, ahora que veo hacia atrás de manera objetiva, esos sentimientos de traición a mi hija, siento que eran equivocados. Ojalá lo hubiera podido ver así en ese momento. Creo que hubiera sido más sano tanto para ella como para mí, el haber encontrado por lo menos alguna manera de hacerme sentir mejor. Tal vez leer algún libro, practicar la meditación, ejercicio, buscar terapia psicológica o simplemente salir a tomar un café con amigas. Cualquier cosa que me ayudara a enfrentar las circunstancias desde otra perspectiva.

Así que escucha mi consejo y si acaso estás pasando por algo parecido por algo que no está en tus manos cambiar, busca ayuda, busca alternativas, no dejes que la depresión te domine.

Esta era mi rutina personal de vida, pero para mi esposo todo era diferente. No sé si es el hecho de tener un origen culturalmente distinto, o tal vez que el tuvo una formación más práctica en la forma de ver las cosas, pero él es más controlado en sus emociones y en su temperamento. O quizá su sentir y su forma de reaccionar de manera diferente a mí, es debido a la naturaleza de su género. Creo que una como mujer siente distinto las cosas, sobre todo cuando se trata del instinto maternal. Sea cual fuera la razón, lo cierto es que para él fue muy importante continuar con su vida lo más normal posible, seguir trabajando en su horario completo, con las responsabilidades propias del puesto que tenía en la empresa donde laboraba, y sobre todo, seguir con su vida social habitual.

No sabía yo realmente cómo se estaba sintiendo él por dentro. Posiblemente el trabajo fue también un refugio, una distracción por el dolor que llevaba dentro. No lo sé. Fue una época muy complicada en nuestra vida en pareja, con muchos retos.

Ahora pienso también que tal vez en esa época para Brian mi esposo, el trabajo podría haber sido su prioridad, pues como proveedor único del hogar seguramente sentía la presión de mantener una buena economía familiar, para estar preparados ante cualquier emergencia, pues no sabíamos qué gastos médicos se vendrían más adelante en la recuperación de Caroline. En ese entonces en el que me dedicaba de lleno al hogar, era impensable la posibilidad de que yo trabajara fuera de casa, pues no había nada que fuera más importante para mí que estar con mi hija, además de que gracias a Dios los ingresos de Brian eran suficientes para solventar todos los gastos.

Mi esposo y yo veíamos y sentíamos nuestra situación desde una perspectiva totalmente diferente. Había días en los que nos ignorábamos o discutíamos. Creo que a él le parecía exagerada mi intención de estar siempre en el hospital al lado de la bebé, mientras que a mí, me parecía que su postura era demasiado fría e indiferente ante lo que estábamos viviendo.

Inevitablemente se produjo un distanciamiento entre nosotros. Había poca comunicación y convivencia. Sin embargo, los fines de semana que tuvimos tiempo de compartir en el hospital cuidando a nuestra hija, nos ayudaron para reconectar y mantenernos unidos. Esas ocasiones en las que al salir del hospital íbamos a comer o cenar juntos, fueron una gran oportunidad de lograr un acercamiento. Estos pequeños momentos me hacían sentir que estábamos juntos como pareja y como padres compartiendo esta etapa tan difícil. En mis constantes oraciones le pedía a Dios que me guiara para que este distanciamiento desapareciera.

Después de algún tiempo escuché que muchas parejas se separan por este tipo de impacto emocional. Para nosotros gracias a Dios, fue una experiencia que logramos superar y de la cual al final, nuestra relación debió fortalecerse para permanecer casados hasta hoy.

A las pocas semanas de nacida decidí bautizar a Caroline. Era muy importante para mí que recibiera esta bendición. Sabía y sé que Dios estaba con nosotros, pero tenía la necesidad de llevar a un sacerdote para que la bautizara con toda la formalidad y simbolismos de este Sacramento en mi religión. Mi hermana Elizabeth nos ayudó a llevar al sacerdote y mi otra hermana, Rosa Martha y Marco su esposo, fueron los padrinos.

En la Unidad Intensiva Neonatal no pueden entrar muchas personas, debido a que el área es abierta y compartida con todos los bebés en condiciones frágiles de salud, sin embargo, el hospital sí nos permitió celebrar el bautizo. Por obvias razones fue una ceremonia muy breve, aunque muy especial, donde le permitieron al sacerdote acercarse al cunero de nuestra hija para oficiar rápidamente el ritual del bautizo. A pesar de que me aferraba a mi fe en todo instante, al bautizarla sentí una tranquilidad enorme, como si Dios estuviera ahí al lado de su cunita. Posiblemente haya para quienes esto no tiene sentido o no lo comprendan, pero para mí fue algo muy gratificante espiritualmente.

Nunca sabemos el camino que tendremos que recorrer

Al pasar las semanas en la unidad intensiva, mi hija Caroline iba evolucionando satisfactoriamente en todos los aspectos que tiene que ir madurando y superando un bebé prematuro, como el lograr respirar por sí sola y tener un nivel de oxígeno óptimo. Gracias a Dios también había superado y eliminado los períodos de apnea.

Entonces llegó la etapa justa en su maduración para empezar a comer por la boquita, y dejar de alimentarse por la sonda nasogástrica que le habían insertado por la nariz.

Ella tendría ahora que aprender a comer directamente de mi pecho, así que ambas iniciamos esta nueva aventura de amamantarla. No obstante, mi niña no lograba succionar nada.

Tratando de facilitar el que aprendiera a tomar su leche directo de mi pecho, intenté primero, con la asistencia de las enfermeras, usar pezoneras, que son unos adaptadores o pequeñas piezas de silicón que se adhieren al pezón de la madre para facilitar la succión de los bebés, cuando éstos no lo pueden hacer por sí solos. Estos instrumentos de lactancia son muy útiles en bebés con dificultades para lograr o mantener el "agarre" del pecho, como en el caso de los prematuros, que no cuentan con la fuerza suficiente para succionar; porque ofrecen al bebé un estímulo firme en el velo del paladar, que ayuda a extraer la leche materna de forma más efectiva y prolongada.

Luego de intentar amamantar a mi hija con el auxilio de pezoneras, vimos desafortunadamente que no funcionaron para nosotras. Entonces me sugirieron el uso de biberones especiales para niños prematuros, que son muy pequeñitos y de chupón muy blando, para que el bebé no haga mucha fuerza y sea más fácil la succión. Con ellos Caroline lograba tomar solo unos pocos mililitros y después complementábamos su alimento por medio de la sonda.

Yo Pensaba optimistamente que sería cuestión de algunos días para que ella aprendiera a succionar y que empezara a tomar su alimento sin mayor problema. Pero el tiempo pasaba y después de 4 semanas de que las enfermeras y yo intentáramos diferentes métodos y técnicas para darle de tomar su leche, no logramos que ella tomara por la boca la cantidad suficiente para poder nutrirse y recibir los líquidos y calorías necesarias para crecer, por lo que fue necesario acudir a la intervención médica.

Los doctores responsables de la Unidad Intensiva Neonatal ordenaron hacerle radiografías, para detectar alguna posible obstrucción física en el aparato digestivo que le impidiera comer. También se le hizo un monitoreo del pH esofágico para medir la acidez en su esófago, insertándole una sonda fina a través de la boca para llegar a él. Esta sonda se conectó a un dispositivo que vigilaba la acidez por un lapso de 24 horas, teniendo así un registro largo de medición.

El diagnóstico luego de este estudio fue **reflujo infantil** o reflujo gastroesofágico (RGE). Esta es una condición común de algunos recién nacidos, que se caracteriza por el retorno del contenido del estómago a través de la boca y la nariz. Esto sucede cuando el esfínter esofágico inferior (EEI) de un bebé es débil. El EEI, está diseñado para permitir que los alimentos pasen del esófago al estómago y para mantenerlos allí. En la mayoría de los casos se trata de un problema de maduración. Sin embargo, un menor número de bebés, aproximadamente 1 de cada 300, tiene un tipo más severo de reflujo, conocido como **enfermedad de reflujo gastroesofágico,** que puede causar problemas severos dado que el ácido estomacal irrita el esófago[4].

---

[4] https://babysparks.com/es/2017/11/20/infant-reflux-all-about-ger-and-gerd/

En el hospital me explicaron, que en muchos casos conforme el infante madura, se llega a superar por completo este trastorno digestivo y que una vez que el paciente se va sintiendo mejor, va aceptando poco a poco más comida por su boca. Nunca me definieron un plazo estimado para que esto sucediera. A pesar de ello, durante los meses que estuvo internada mi hija recién nacida en el hospital, ella retenía muy bien su alimento, aun cuando no fuera por vía oral y seguía subiendo de peso a un ritmo adecuado. Las enfermeras que la asistían las 24 horas, indicaban en sus reportes que fueron muy pocas las ocasiones en las que ella vomitó y que cuando llegó a suceder, lo hacía en pequeñas cantidades.

Probablemente por estos motivos, los médicos no le dieron importancia a seguir investigando si había algún otro problema que ocasionara su aversión a recibir el alimento por su boca, atribuyéndoselo únicamente al reflujo diagnosticado con los estudios que le habían hecho.

Ya casi cumplidos los 3 meses internada en el hospital, lo único que la mantenía ahí era el problema de no comer por la boca. Por lo demás, su desarrollo iba muy bien; ya tenía el peso aproximado de un bebé recién nacido de término completo de gestación, por lo que me dieron dos opciones para poder darla de alta. Una, era dejarle el tubo nasogástrico que tenía desde el orificio de la nariz hasta el estómago, con el cual había sido alimentada desde recién nacida hasta esos días. De decidirme por esta alternativa, tendría que adiestrarme para saber cómo volver a instalarlo en caso de que mi pequeña hija, accidentalmente lo sacara al jalarlo con sus manitas, o que por cualquier otro motivo se moviera de lugar. En caso de que esto sucediera, yo tendría que tener mucho cuidado en casa para reinstalarlo correctamente, con la certeza de que la sonda quedara colocada llegando al estómago y no a los pulmones. A pesar de que son conductos separados, se encuentran muy cercanos uno de otro y pueden confundirse fácilmente.

La otra opción que me ofrecían para poder llevármela a casa, era hacerle una gastrostomía, que es un procedimiento quirúrgico en el que se introduce una sonda de alimentación o sonda de gastrostomía a través del abdomen, para transportar la nutrición directamente al estómago, quedando ahí de manera permanente. De esa forma yo no tendría la preocupación de que se le fuera a mover o desconectar tan fácilmente.

Cuando me explicaron la opción de la gastrostomía, no quise profundizar mucho para entenderla bien, ni tampoco quise visualizar cómo sería este proceso de alimentación en casa con mi bebé, pues no me daba nada de tranquilidad meter a mi hija a una cirugía para hacerle un orificio en el estómago e insertarle una sonda permanente.

Yo estaba tan abrumada con la información que recibía y a la vez eran tantas mis ganas de llevarme a Caroline a casa, que lo único que me quedó claro era que ésta última alternativa era la más segura. Me aterraba la idea de que en caso de que hubiera necesidad de acomodarle la sonda nasogástrica, yo pudiera equivocarme y ponerla en sus pulmones en lugar de su estómago. No quería correr ningún riesgo en casa de incomodarla o lastimarla accidentalmente. Mi esposo y yo teníamos que tomar una decisión, si no, nuestra hija se quedaría en el hospital por un período indefinido hasta que pudiera comer por vía oral.

Así, después de analizar las dos opciones a detalle y poner en una balanza los pros y los contras de cada una, optamos por la gastrostomía, que, aun cuando la considerábamos una medida muy drástica, era la única forma de garantizar que nuestra bebé pudiera estar finalmente en casa a nuestro cuidado, tomando los nutrientes suficientes para poder seguir desarrollándose de manera segura.

Aunque yo estaba contenta de que pronto ya podría tener a mi hija en casa, sentí mucho miedo e incertidumbre de que tuviera que entrar a un quirófano. No sabía cómo iba a ser el proceso ni las repercusiones de que mi hija trajera esa sonda en su cuerpo.

Fue otra experiencia extremadamente triste para mí. Ver a mi pequeña salir de la cirugía con un orificio en su vientre y con aquel tubo de plástico saliendo de su cuerpecito. Una vez más sentí un dolor muy grande, una enorme pena de verla así. En el fondo me inquietaba mucho, tanto que algo dentro de mí me decía que no era el camino necesario ni correcto para mi hija.

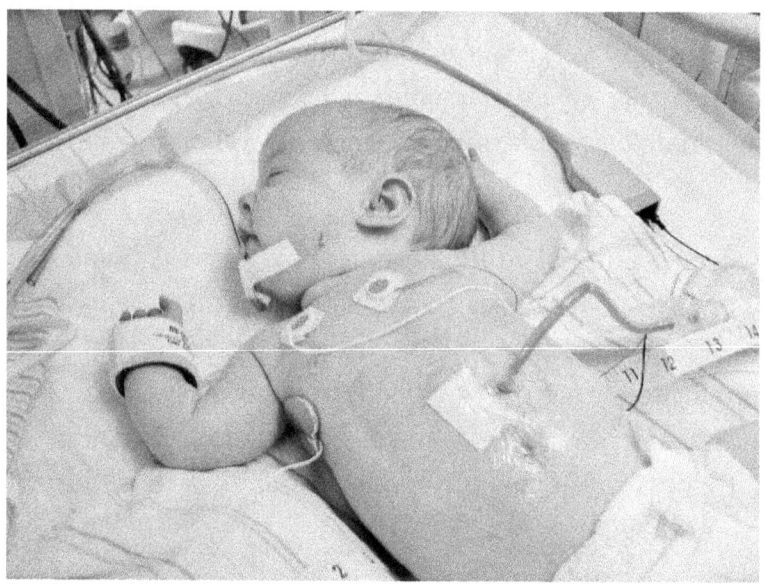

"Cada adversidad, cada falla, cada corazón roto, lleva consigo la semilla de un beneficio igual o mayor". Napoleón Hill

Después de que los doctores se aseguraron de que el tubo gástrico estuviera trabajando correctamente, que mi hija estuviera aceptando la leche sin problemas y que no hubiera ningún tipo de reacción o de rechazo, dos días posteriores a la cirugía, ¡por fin la dieron de alta!

Antes de salir del hospital me enseñaron como debía mantener limpia el área alrededor del tubo y cómo debía pasarle el alimento poco a poco, de manera manual, usando una enorme jeringa que se conectaba al extremo del tubo, dejando que por gravedad fuera bajando de manera lenta y cuidadosa al estomaguito de mi bebé. Su alimento debía pasar por la sonda, durando casi el mismo periodo que tardaría comiendo por la boca un bebé recién nacido. Me advirtieron que el tubo insertado se tendría que estar cambiando periódicamente por un cirujano.

Llegó el día en que la cantidad de leche que yo me extraía con el sacaleches ya no era suficiente para saciar el apetito de mi bebé a sus más de 3 meses de vida, así que tuve que empezar a darle más alimento de fórmula, para que quedara satisfecha después de cada toma.

En ocasiones resulta muy estresante para algunas mujeres, especialmente cuando tenemos hijos prematuros, no producir gran cantidad de leche en la etapa de lactancia, porque los médicos insisten mucho en que el mejor alimento para nuestros hijos es la leche materna y cuando por alguna causa no podemos producir lo suficiente, llegamos a sentirnos presionadas, o peor aún, pensamos que estamos fallando como madres. Pero no hay necesidad de sentirnos así, debemos de recordar que cada caso es diferente y que lo que a unas madres les puede funcionar en esta etapa, a otras no, y que además debemos estar tranquilas de saber que, a pesar de que algunas no logremos producir la cantidad que quisiéramos darle a nuestro bebé, ellos pueden seguir beneficiándose de la nutrición de la leche materna aun cuando se tuviera que complementar con fórmula.

CAPÍTULO V

Un gran cambio de vida

Finalmente después de 3 largos meses podíamos llevarnos a nuestra hija a casa! Así que el día tan esperado llegó. Salimos del hospital felices de poder llevarnos a nuestra hermosa niña, pero yo me sentía algo nerviosa. Ahora iba a estar yo sola sin ningún doctor o enfermera cerca de mí, para asistirme en cualquier situación que se presentara, por lo que optamos por quedarnos en casa de mi hermana Elizabeth, que vivía en San Diego. Queríamos estar cerca del hospital hasta sentirnos más cómodos y seguros con nuestra hija.

Al segundo día de tenerla con nosotros, al estarle dando la leche y siguiendo todas las instrucciones recibidas en el hospital, de pronto Caroline empezó a vomitar todo por la boca. Me asusté muchísimo, no sabía qué estaba pasando. En ese instante yo la traía cargando con un brazo y con el otro sostenía la jeringa con la que le estaba dando poco a poco la leche, tal como me lo habían explicado que debía hacer. Todavía recuerdo perfectamente ese día, me puse muy nerviosa. Mi bebé no paraba de vomitar, mientras mi hermana me trataba de ayudar. Y yo solo la cargaba y veía como salía de su boca un volumen impresionante de formula sin parar. Así como había entrado a su estómago, salió completamente. Este sería el primero de tantos episodios que llegué a tener con Caroline.

Hablé inmediatamente a la clínica para hacer cita y llevarla a consulta con el gastroenterólogo que la había tratado desde la Unidad Intensiva Neonatal para que la revisara; al ser una paciente con problemas en el tracto digestivo, mi hija requería que un médico con esta especialidad le hiciera seguimiento de su evolución y habíamos decidido continuar con ese mismo doctor, además del pediatra de cabecera. Él simplemente comentó que lo que le había ocasionado el vómito, era el mismo reflujo que ya se había diagnosticado antes, por lo que no le realizaron más estudios clínicos para encontrar la explicación a sus vómitos.

Realmente nunca me quede satisfecha con este diagnóstico ni con la explicación acerca de la causa de los vómitos. Veía mucha coincidencia que estuviera ocurriendo esto precisamente después de haber sido instalado el tubo en su estómago. Durante su estancia en el hospital, Caroline había vomitado pero muy pocas veces. Mi percepción fue que la intensidad de estos hechos aumentó a partir de la gastrostomía. Me puse a investigar un poco sobre tubos gástricos en el Internet y en alguna parte leí que dichos tubos podían ocasionar que el reflujo se agudice, dado que, para insertar y fijar el tubo gástrico, estiran una parte del estómago para unirla con suturas a la piel del abdomen, provocándole rigidez, sin posibilidad de moverse de forma natural, buscando evitar que el tubo se mueva y llegue a desprenderse.

Aun cuando comentaba lo que había leído con los doctores, ellos nunca lo tomaron como un posible causante de sus vómitos. Para mí en cambio, sí fue algo muy claro, que, a partir de la operación para instalar el tubo de alimentación de gastrostomía, empezaron a suceder los vómitos de manera constante y en grandes cantidades.

Cuando los retos nos forman el carácter

A partir de ese día, que vomitó por primera vez en casa, Caroline empezó a hacerlo diariamente después de cada comida. El alimentarla se convirtió en un esfuerzo sobrehumano, difícil y estresante, puesto que aparte de ponerle el alimento de la jeringa al tubo, yo tenía que ver la forma de mantenerla casi sentada, sin moverla, para tratar de que la comida se mantuviera en su estómago y esperar a que le hiciera la digestión en casi la misma posición vertical.

Al principio yo cargaba a mi bebé con un brazo y con la mano contraria le iba aplicando la comida, pero al pasar las semanas, se me ocurrió acomodarla en un portabebé de esos a los que les puedes ajustar el ángulo de inclinación. Esto fue muy útil especialmente durante las noches, que era cuando más pesado se me hacía, pues tenía que dormirla casi sentada para darle de comer. Le acomodaba varias cobijitas alrededor de su cuerpo, para procurar que ella estuviera más cómoda y a la vez le sostenían su cabecita cuando se quedaba dormida.

Siempre hemos comentado mi esposo y yo que, a pesar de haber pasado por tanta incomodidad y constante malestar de indigestión que seguramente sentía, mi niña se mantuvo tranquila, no lloraba mucho y además era muy buena para dormir. Las enfermeras en el hospital se referían a ella como la Bella Durmiente, porque dormía mucho, y nos decían a Brian y a mí, que era una niña muy tranquila, que era una característica de su personalidad y que seguramente así sería de grande. Era una bebé que rara vez hacia berrinches o lloraba y conforme fue creciendo y fue mostrando rasgos de su carácter, fuimos reconociendo que también era una niña muy dulce y tierna.

Cada comida era un largo ritual. Primero tenía que extraer la leche de mi pecho con la máquina sacaleche eléctrica; después aplicarle a mi hija su alimento muy lentamente, cuidando siempre de mantenerla sentada. Pero a pesar de todos estos cuidados la niña seguía vomitando a diario y a veces toda la leche que tomaba; por lo que yo tenía que darle nuevamente su alimento, aunque fuera un poco más, calculando un estimado de lo que pudiera haber vomitado. Creo que con la experiencia, a simple vista, ya podía saber cuántos mililitros había vomitado. De hecho, al paso de los meses, se me ocurrió tener siempre un recipiente de plástico a mi lado cuando la alimentaba para acercarlo de inmediato a ella en cuanto empezaba a toser y toser, pues esa era la señal clásica que ya venía la devolución de su comida. Lo ponía fuera del alcance de la vista de Caroline, para evitar alguna asociación mental entre el recipiente y la necesidad de vomitar que le daba.

Mi vida empezó a girar en torno a cómo y cuándo alimentar a mi bebé para mantener su crecimiento y evolución adecuada. Todas las actividades tanto de mi hija como mías, del hogar o de lo que surgiera, tenían que agendarse en torno a las horas de alimento de mi niña, respetando siempre el tiempo necesario de reposo, que duraba entre media y una hora, para evitar en la medida de lo posible que vomitara la comida que acababa de ingerir.

Durante esta etapa de bebé de mi hija seguí haciendo el gran esfuerzo de mantener por varios meses la lactancia, a pesar de que tuviera que extraerme la leche con máquina, pues lo veía como un gran recurso para ayudarla a recibir los anticuerpos y propiedades que sólo la leche materna tiene. Para mí, a pesar de la fuerte fatiga, era una bendición poder hacerlo, sentía que era lo único bueno que podía darle ante su condición de salud. Como mencione anteriormente, aun cuando fuera en poca cantidad, mi niña seguía recibiendo las ventajas de este nutriente.

En una ocasión tuve oportunidad de comprobar la maravilla de los beneficios de la leche materna, cuando me enfermé de una gripa muy fuerte que me ocasionó mucho dolor de garganta y una tos imparable. Pude continuar al cuidado de mi hija, quien gracias a Dios y seguramente al consumo de la leche materna, se mantuvo inmune ante mi enfermedad.

Los médicos me aconsejaban que siguiera intentando darle de comer por boca, pero cada día era menos la cantidad de mililitros que mi hija aceptaba con biberón, debido a que los vómitos sucedían a diario, incluso después de haber transcurrido dos horas de haber tomado su alimento y en ocasiones hasta más de 3 veces al día. Vomitaba toda la comida que le había dado por el tubo gástrico. Mi intuición de madre me hacía pensar que mi niña no estaba digiriendo su comida de manera normal.

A la vez continuaba con las visitas y revisiones médicas periódicamente, pero estas eran irrelevantes, dado que sólo eran para dar seguimiento de su crecimiento y de su peso, más no se atendía de ninguna forma su problema de aversión al alimento, ni aportaban ninguna solución para los habituales vómitos. El gastroenterólogo me comentaba lo de siempre, que Caroline seguía vomitando por el reflujo y que al ir creciendo y madurando sus órganos, este trastorno se iría disminuyendo.

La anterior fue quizá la fase más difícil, los primeros 6 meses en casa, de todo el proceso que vivimos mi hija y yo. Realmente yo vivía exhausta tanto en lo emocional como en lo físico, sobre todo por las noches, por todo lo que implicaba hacer para poder darle de comer; además de hacerlo con la misma frecuencia que la de un bebé recién nacido, cada 3 horas. El tiempo para descansar entre una toma y otra era muy corto y las noches se hacían más largas y cansadas, sin que yo pudiera dormir. El ritual cada noche incluía sacarme la leche, alimentarla a través de la sonda y sobre todo cerciorarme de que mi bebita retuviera la mayor cantidad de comida posible sin vomitar, y si lo hacía, volverle a dar.

Si para cualquier mamá los primeros meses son pesados por la falta de horas para dormir, para mí lo era todavía más. Mi agotamiento se convirtió en una situación tan crítica que mis suegros y unos tíos de mi esposo tuvieron la iniciativa de ayudarnos económicamente para cubrir el costo de los servicios de una enfermera nocturna, con la intención de aliviar un poco el desgaste físico tan fuerte que ya para entonces yo tenía; lo cual resultó ser de gran alivio, pues me permitía recuperarme un poco al tener períodos de sueño más largos.

Tener una enfermera en las noches, por mes y medio fue sin duda una gran ayuda. Sin embargo, no me iba a dormir del todo tranquila. Siempre estaba al pendiente de mi hija. Sobre todo, cuando era el turno de una de las dos enfermeras que asistieron durante esta etapa. Una de ellas era excelente; verla como trabajaba me daba tranquilidad suficiente para relajar mi sueño. Pero cuando le tocaba la noche a la otra enfermera, me iba a la cama muy inquieta. En varias ocasiones tuve que levantarme al escuchar a mi hija toser constantemente y después vomitar. Creo que tal vez ella le pasaba el alimento muy rápido por el tubo gástrico, porque coincidía que justo cuando era su turno de cuidarla, la niña vomitaba casi todo lo que había tomado, por lo que esas noches yo descansaba, pero nunca lo suficiente para desconectarme por completo.

A su llegada a casa, yo dormía durante las noches en el sillón de la sala al lado del portabebé donde la ponía a ella, pero al pasar los meses y ver que no había mejora, me di cuenta desafortunadamente que tomaría más tiempo para llegar a tener una situación estable o normal en su salud. Por este motivo tuve que agregar una cama en su cuarto, para dormir al lado de ella y poder así cuidarla de que no vomitara su comida; y si lo hacía, supervisar que no se fuera a ahogar, cargándola en una posición vertical. Después tenía que cambiarla con ropita limpia y volverle a dar un poco más de alimento; prácticamente además de ser su mamá, me convertí en la enfermera de mi niña las 24 horas del día.

Así transcurrieron estos primeros meses, extrayéndome la leche con la máquina especial, alimentándola por medio del tubo cada 3 horas; con desvelos, visitas a médicos y a las terapias ocupacionales que le asignaron como parte de su tratamiento con la finalidad de que aprendiera a aceptar la comida oralmente.

Este tipo de terapias existen para ayudar a los pacientes a realizar cualquier actividad por sí mismos, ya sea de cuidado personal, de trabajo o incluso de juego, para así incrementar la independencia funcional, aumentar el desarrollo y prevenir la incapacidad, que en el caso de mi hija era comer por la boca.

Una mañana me llevé un susto espantoso. Al estar cambiando a Caroline, me di cuenta de que el tubo se había desprendido de su estómago y había quedado expuesto el orificio en el abdomen donde estaba insertado; la leche que todavía estaba en su estómago empezó a derramarse. Estaba realmente impresionada ante lo que veía pasar frente a mí. No sabía qué hacer, pues no me habían advertido que esto podría pasar. Lo único que se me ocurrió en ese instante, sin haberlo pensado mucho, fue tapar con gasas el orificio y correr de inmediato a llevarla al Hospital. Al llegar de prisa a Emergencias, el personal médico que me atendió muy tranquilamente, cuestionó el que no supiera reinsertárselo y me indicó que debía de aprender a hacerlo en casa, o de otra forma estaría corriendo al hospital cada vez que esto ocurriera, porque de cualquier manera el tubo se tendría que cambiar por uno nuevo aproximadamente cada 3 meses.

Así que cuando tocó el siguiente cambio de tubo gástrico recurrí al consultorio del cirujano y les pedí al médico y a la enfermera que lo asistía, que me enseñaran paso a paso cómo cambiarle e insertarle yo misma el tubo en casa de manera correcta y segura a mi bebé Caroline. Tuve que aprender al mismo tiempo a sobreponerme al miedo que sentía de verle su vientre expuesto cuando le quitaba el tubo para ponerle el nuevo.

Tal vez pudiera sonar como algo relativamente fácil de hacer, pero para mí no lo era. Nunca en mi vida había pasado por una situación similar, y no me imaginé jamás ser capaz de poder hacer algo así. A pesar de ello, no me quedaba otra opción más que la de armarme de valor y aprender a hacerlo.

Al paso del tiempo y con la práctica, ya tenía mi propia técnica para cambiarle el tubo, aunque tengo que admitir que nunca dejé de sentir una sensación muy extraña cada vez que lo hacía. Me daba como un escalofrío en el cuerpo al momento de insertarle el tubo nuevo, como si le estuviera cortando su pancita. Creo que no tengo el temple para ese tipo de labores médicas que para los doctores y enfermeras son tareas de todos los días.

Nada nos prepara para vivir las pruebas de vida, pero si están ahí es porque las podemos superar.

Después de haber logrado darle a mi hija 9 meses de leche materna en alguna cantidad, decidí dejar de extraérmela, y en cuanto la dejó de consumir noté que empezó a enfermarse, incrementándose la frecuencia de los vómitos, porque cuando le daba gripa o tos, vomitaba con mucho mayor facilidad su alimento. La acumulación de flemas hacía más agudo su problema. Es por esto que evitaba sacarla de casa. Casi no visitábamos lugares públicos como lo haría cualquier mamá normalmente. Mis amistades y familiares opinaban que sobreprotegía a mi hija, pero nadie sabía realmente el estrés y el cansancio que vivía día a día en casa. Si por algún motivo mi esposo y yo decidíamos salir en familia, era todo un protocolo de logística muy estresante, pues teníamos que cuidar y estar al pendiente de varios factores a considerar, como programar los horarios para alimentarla, esperar a que transcurriera un lapso suficiente de reposo para que no vomitara, y poder entonces trasladarla en carro a donde sea que fuéramos, para que los movimientos del camino no la hicieran vomitar, o seguir vomitando, si es que había sido una de esos días.

El gastroenterólogo que atendía a Caroline, al ver que ya tenía poco más de 9 meses de edad sin haber logrado aún aceptar la comida de forma oral y que además los vómitos aumentaban de frecuencia, nos propuso como solución realizarle una **Funduplicatura de Nissen** y evitarle con ello un mayor impacto en la aversión a la comida.

La funduplicatura es una técnica quirúrgica habitual para el tratamiento del reflujo gastroesofágico, que hasta entonces era el diagnóstico que le habían dado a mi hija. Durante esta cirugía, la parte superior del estómago llamada **fundus**, se dobla y se cose alrededor del esfínter esofágico inferior, una válvula muscular que se encuentra en la parte inferior del esófago. Esto refuerza el esfínter esofágico inferior para que haya menos probabilidad de que el ácido o la comida ingerida vuelva al esófago. ⁵ Al reforzar el esfínter, le imposibilitaría vomitar la comida a mi bebé.

Yo me opuse totalmente a esta cirugía, llámese por instinto maternal, intuición o simplemente la guía de Dios, pero yo sabía que esa no era la solución para mi hija. Algo dentro de mí me decía que tenía que seguir buscando la solución adecuada para ayudarla y sentía una gran impotencia al percibir que un médico especialista como el que nos atendía, no se esforzara lo suficiente por encontrar la forma de ayudar a su paciente. Él sólo se limitaba al diagnóstico obtenido de los estudios clínicos realizados cuando la niña había nacido y nada más.

Me sentía muy frustrada y con los brazos atados, pero estaba determinada a sacar adelante a mi hija, así que decidí pedir una segunda opinión a otro gastroenterólogo, pues supuse que otro punto de vista podría contribuir en algo más para encontrar la razón verdadera por la cual la niña rechazaba la comida. Su pediatra me sugirió otro especialista que ella conocía y seguí su recomendación.

Todos poseemos la facultad de la intuición, pero creo que cuando se trata de lo que más queremos es aún más fuerte.

---

⁵ https://www.mayoclinic.org/es-es/fundoplication/vid-20084708

El nuevo médico estaba dentro de la misma clínica especializada en gastroenterología del Hospital de Niños. La verdad es que no encontramos mucha diferencia con el especialista anterior, excepto que fue menos drástico en sus propuestas de solución. Nos sugirió no operar a la niña y que esperáramos más tiempo, puesto que muchos pacientes a partir de los 3 años empezaban a mostrar mejoría debido a la maduración de sus órganos y que en muchos casos se observaba que el reflujo llegaba a disminuir, por lo que elegimos seguir su consejo y ser pacientes, esperando todavía más a que se resolviera de manera natural el reflujo.

Dejamos transcurrir los meses y en el proceso continuábamos llevando a Caroline a sus terapias ocupacionales de alimentación.

Todas las semanas asistíamos a la Clínica de Terapias para niños en San Diego, con una terapeuta que le presentaba a Caroline diferentes tipos de alimentos, exponiéndola también a distintos cubiertos de diversas texturas y materiales para dárselos a conocer y ver si algunos de ellos eran aceptados dentro de su boca. Su aversión a la comida era tan fuerte que celebrábamos como un gran logro ver que por sí sola pusiera alguna de estas cucharitas dentro de su boca, incluso cuando no llevara comida en ella.

También se utilizaba comida con texturas y colores variados, para que ella se acostumbrara a tocarlas y sentirlas; la terapia incluía además el uso de instrumentos que vibraban y que a su vez tenían alguna figura atractiva para niños pequeños. Se los pasaban alrededor de la boca, para estimular sus músculos maxilares inferiores, procurando que mi hija creara una asociación positiva de la comida con un sentimiento divertido y placentero en un plan de juego, a fin de que Caroline no desarrollara una aversión a la comida aun mayor de la que ya tenía. Era sumamente importante que su mente no relacionara el alimento con algo desagradable, como la náusea y los vómitos.

Algunas veces mi hija llegaba a probar algo, pero no sucedía más, no había ningún avance, al contrario, parecía que cada vez iba en aumento el rechazo a la comida. Entre más tiempo pasaba, iba haciéndose más difícil el que ella accediera a comer algo. Me preocupaba mucho el saber que existen casos extremos, donde niños con este problema pueden llegar a la adolescencia sin haber aceptado comida oralmente, y que deben seguir alimentándose 100% por medio del tubo gástrico.

CAPÍTULO VI

La frenética búsqueda de soluciones

En la desesperación durante el primer año de vida de nuestra hija, mi esposo y yo buscamos diferentes alternativas como lo es la medicina homeopática. Yo sabía que en este tipo de medicina el tratamiento era con sustancias naturales y pensé que, si bien no le serviría de mucho, tampoco le podría hacer daño. Consultamos a un doctor que le recetó a Caroline un tratamiento con gotas que tenían que tomarse naturalmente por la boca, las cuales eran para ayudar al estómago a funcionar correctamente, mejorando su digestión y supuestamente también para ayudar a controlar el reflujo. Esta medicina la tenía que tomar antes de cada comida; su estómago tenía que estar totalmente vacío, esa era la única manera que mi hija las pudiera tomar sin vomitar. Le dimos esta medicina por un par de meses, pero no tuvimos grandes resultados.

Otra opción que tratamos fue sugerida por los tíos de mi esposo, quienes nos recomendaron a unos especialistas de medicina alternativa que habían tratado a sus nietos a través de un método conocido como **NAET**, (Técnica de Eliminación de Alergias de Nambudripad). Esta es una técnica no invasiva, en la cual no se utilizan medicamentos para aliviar alergias, intolerancias e hipersensibilidades de cualquier tipo e intensidad, sino que se apoyan de una serie de procedimientos de diagnóstico y tratamiento de diferentes disciplinas, como acupuntura/acupresión, kinesiología aplicada, alopatía, quiropráctica y nutrición[6].

Sorprendentemente con este tratamiento se lograron excelentes resultados en la cura de severas alergias que les encontraron a los sobrinos de mi esposo, como por ejemplo al cacahuate y a las fresas, lo que me hacía intuir que probablemente funcionaria para Caroline, bajo la creencia de que la causa de lo que le pasaba a ella estaba relacionado con algún tipo de alergia, así que decidimos realizarle este procedimiento. Viajé con ella a Salt Lake City, en Utah, donde vivían los tíos de mi esposo, para atenderla en la misma clínica especializada en este método donde ellos habían tratado a sus nietos con un gran éxito. (Más adelante explicaré como se aplicaba esta técnica). Brian se quedó en Tijuana debido a su trabajo.

El proceso del tratamiento era largo y requería de un estimado de 2 meses para completarlo debidamente. Pero no fue posible terminarlo, pues me resultaba muy difícil el hecho de tener que pasar esos meses solas mi hija y yo en una ciudad que no conocía, viviendo en casa de los

---

[6] https://naetmexico.com.mx

familiares de mi esposo, que, aun cuando nos trataban de maravilla, no era lo mismo que estar en mi propia casa. Así que sólo estuvimos una semana allá, en la que difícilmente pudimos observar alguna mejoría, y decidí regresar a casa.

Volando de regreso a San Diego, hicimos una escala en Phoenix, Arizona. Mientras esperábamos dentro del avión, senté a mi hija en el asiento para reacomodar la pañalera y las cosas que necesitábamos para continuar nuestro viaje, y en un instante que giré para mover las cosas, Caroline cayó al suelo. Pese a que la distancia es muy corta entre el asiento y el piso del avión, Caroline parecía haberse lastimado. En cuanto la levanté del piso y la acosté en el asiento para revisarla, notaba que no movía los brazos y que estaba muy quieta y pude darme cuenta que algo no estaba bien. Me asusté mucho y pensé que algo serio se pudiera haber dañado dentro de ella. Entonces en cuestión de segundos tuve que preguntarme, ¿continuaba mi vuelo a San Diego sin decir nada?, o ¿avisaba a la aeromoza? Lo único que me hizo considerar seguir el vuelo, es que no estaba llorando.

Decidí pedir ayuda ahí mismo y aunque yo hubiera querido, ya no me permitieron continuar el vuelo, por lo que tuvimos que bajarnos del avión. Enviaron una ambulancia para trasladar a Caroline desde el aeropuerto al hospital y al revisarla y sacarle radiografías, encontraron una fractura en el hueso de su antebrazo. No la enyesaron en esa ocasión, pero sí inmovilizaron el brazo con una férula. Después de varias horas de espera en el hospital y sintiéndonos completamente agotadas, busqué un hotel cerca del aeropuerto para pasar la noche y nos fuimos a dormir. Este último evento fue una de las muchas aventuras que pasamos en búsqueda de la cura para mi hija.

Al llegar a San Diego, nuevamente revisaron a la niña de su lesión en el Hospital de Niños, donde siempre había sido atendida. Le pusieron yeso y nos indicaron que debía tenerlo por 6 semanas.

Después de que Caroline se rehabilitara de esta fractura, mi esposo y yo decidimos que valía la pena darle la oportunidad al método NAET, así que buscamos dónde pudiéramos continuar con el tratamiento que habíamos iniciado en Utah. Tenía la certeza de que encontraría cerca de casa a alguien que conociera esta práctica. Entonces recordé que cuando estuvimos en Utah, el médico que visitamos nos dijo que Devi Nambudripad, la doctora creadora de este tratamiento, se encontraba en la ciudad de Los Ángeles California, por lo que busqué sus datos en internet y encontré su clínica. Aun cuando no habíamos visto mucha mejoría la semana en Utah, yo tenía la esperanza de que pudiera funcionar una vez completado el tratamiento. Si ya le había ayudado a otros pacientes, ¿por qué no a

Caroline? Sentía que era la única opción que tenía en ese momento.

A pesar de estar viviendo en la frustración, desesperación y cansancio, tanto emocional como físico de tanto buscar la cura para la salud de mi hija, para mí nunca fue alternativa el quedarme cruzada de brazos, esperando a que lo dicho por los médicos de manera tan a la ligera sucediera. No me conformaba con dejar pasar más tiempo y esperar pasivamente sin ver ningún avance en la salud de mi hija.

Creía que la forma de encontrar la solución al problema de mi niña era seguir en movimiento, tomar acción, tratando, buscando alternativas de una manera u otra. Siempre mantuve la fe de que debía haber una solución para la condición de mi Caroline.

"La perseverancia es la base de todas las acciones". Lao Tzu

Así pues, por los siguientes dos meses, estuvimos yendo y viniendo a Los Ángeles un par de veces por semana para tratarla. A pesar de tomarme casi 4 horas de manejo al día, en esta ocasión Caroline sí terminó todo el tratamiento de NAET según lo indicado por su creadora. Pero lamentablemente, mi hija tampoco obtuvo mejoría en su salud. En estos viajes hubo veces en las que tuve que parar a mitad de la carretera, porque mi niña llegaba a vomitar en el camino y yo tenía que limpiar tanto a ella, como al asiento en el que iba sentada.

Este método era, como ya mencioné, completamente alternativo, diferente y tal vez fuera de todo procedimiento común en la medicina tradicional. Consistía en ir probando de uno por uno los alimentos o sustancias que pudieran causar alergia a los pacientes. Estas sustancias se guardaban en pequeños recipientes y el paciente los iba sosteniendo en su mano con el brazo hacia arriba y apuntando al frente, mientras la doctora trataba de bajar el brazo empujándolo hacia abajo. Si ella lograba bajar el brazo, esto indicaba que esa sustancia era un alérgeno para el paciente, lo cual significaba que este debía evitar comer esta sustancia por algunos días posteriores al día del tratamiento. El siguiente paso curativo en la sesión, era unos masajes que se daban a lo largo de la espalda del paciente, tocando todas las vértebras de la columna.

Como mi hija era muy pequeña, la prueba de los recipientes y posibles alérgenos se hacía a través de mí. Con una mano sostenía los recipientes levantando mi brazo para que la doctora tratara de bajarlo, mientras que con mi otra mano tocaba el abdomen de mi niña. Entiendo que puede sonar algo muy poco científico e incluso increíble para algunas personas, pero teníamos el testimonio de nuestros familiares, que aseguraban les había funcionado con gran éxito este tratamiento para alergias. La diferencia con ellos, era que los niños familiares de mi esposo que habían sido tratados, eran más grandes que Caroline y las pruebas se les habían hecho directamente a ellos.

Nuestro propósito era descartar la posibilidad de que alguna alergia pudiera estarle ocasionando las náuseas y los vómitos a Caroline. A pesar de que los médicos nunca habían mencionado nada de alergias, sino que se limitaban a repetir e insistir en el mismo diagnóstico del reflujo.

Yo deducía que el problema podría estar relacionado a alguna reacción de tipo alérgica, porque notaba que mi hija no digería la comida del todo. Su cara reflejaba la náusea que le provocaba la comida, y parecía incluso instintivo para ella el toser hasta lograr vomitar y expulsar todo ese alimento que le causaba tanto malestar.

Mi familia trataba de ayudar de alguna forma a buscar caminos de solución. Por lo cual otra de las opiniones médicas que buscamos, fue la de un doctor con especialidad de gastroenterología pediátrica, que me recomendó mi hermana mayor, Rosa Martha. Él atendía periódicamente a sus hijos y consultaba en Tijuana. Lo visitamos, pero nuevamente, salimos de la consulta con pocas respuestas nuevas que pudieran ayudar a mi hija.

Todos estos intentos, tratamientos y consultas que hacía por encontrar algo que la ayudara a iniciar a alimentarse por la boca, eran siempre a la par de las terapias recomendadas por el Hospital de Niños para casos de pacientes prematuros y con tubos gástricos, tales como la terapia física, de mucha importancia para la evolución de sus habilidades motoras; pues siendo una bebé prematura, ella podía presentar algún retraso en el progreso de su sistema psicomotor y por supuesto, la terapia ocupacional que siempre teníamos para la alimentación.

Al cumplir su primer año de vida, realizamos una ceremonia simbólica de Bautizo, pero ahora en la Iglesia, ya que el sacramento en sí lo había recibido en el hospital. Quise tener esta ceremonia así, de la forma tradicional en nuestra religión, quizá más por mí que por mi hija, pues anhelaba vivir una celebración alegre y sin estrés, además que lo vi como una buena oportunidad para festejar su primer cumpleaños.

Tuvimos una fiesta muy bonita en la casa de mis papás, con la visita de mis suegros que viajaron desde Alabama para festejar junto a su nieta, así como la compañía de familiares y amigos cercanos. Este tipo de experiencias eran como una pausa a lo que estábamos viviendo en el día a día. Eran oportunidades de disfrutar la vida de Caroline, que, aunque bajo circunstancias difíciles, la teníamos gracias a Dios con nosotros.

Tal vez ustedes se pudieran preguntar por qué yo no consultaba a otros médicos especialistas dentro de la medicina tradicional. Incluso hoy en día, al escribir este libro, yo misma me hago la misma pregunta. Cómo es que no exigí que le hicieran estudios más profundos que nos llevaran a diagnosticarla correctamente. La única respuesta que me doy es que ella estaba siendo atendida con los especialistas en gastroenterología pediátrica, que pertenecían a uno de los mejores hospitales de niños que hay en Estados Unidos, y en ese entonces no se me ocurría a dónde más podría haber acudido, fuera de este grupo de médicos especializados y dedicados a todo lo referente al aparato digestivo.

No podemos ni debemos vivir pensando en el "hubiera", así que sólo me queda aceptar que las decisiones que tomamos en torno al tratamiento de mi hija fueron las mejores opciones que se nos presentaron en esa época, y que, si las cosas sucedieron así es porque así debían ocurrir.

"Aceptar no es resignación, pero nada te hace perder más energía que el resistir y pelear contra una situación que no puedes cambiar". Dalai Lama

Hay un aspecto en toda esta experiencia que quizá no he mencionado claramente, y que además fue un gran reto al que siempre me tuve que enfrentar: el idioma inglés. Aunque mi esposo es norteamericano, y aún yo hablando y entendiendo inglés, fue muy difícil para mí comprender en su totalidad todas las explicaciones e indicaciones que me decían los médicos en Estados Unidos, y mucho más complicado era darme a entender, pues siendo realista no domino el idioma al 100% y menos en un contexto de términos médicos. En algunos consultorios y hospitales se cuenta con personal bilingüe para auxiliar en casos como este, pero cuando llegué a apoyarme en ellos, me daba cuenta que sus traducciones no eran del todo claras y precisas. A veces creía que yo podía explicar mis ideas de una mejor manera, por lo que preferí hacer el esfuerzo de comunicarme sin traductor simultáneo, pensando que así tendría mejor oportunidad de transmitir mis inquietudes y con paciencia entender lo que los médicos y terapeutas me explicaban.

A través de sus primeros años de vida, a Caroline se le fueron haciendo distintas pruebas y revisiones, que se hacen a los bebés prematuros para el seguimiento y monitoreo de su desarrollo, en los que, gracias a Dios iba mostrando un avance satisfactorio en cada uno de ellos. Algunos eran respecto del corazón, otros de seguimiento de su peso y estatura; siempre midiendo en razón a su edad ajustada, es decir, restando los meses de gestación que debió estar dentro del vientre materno, para comparar más objetivamente su desarrollo con el de un niño nacido a término.

Otros exámenes que se le hacían eran para vigilar su desarrollo neurológico, poniéndola a hacer distintas actividades para medir el grado de evolución que llevaba.

Al cabo de un periodo de haber cumplido con las sesiones que recomendaban de terapia física en la clínica especializada de Niños, yo percibí que Caroline no presentaba avance alguno, así que opté por dejar de llevarla. Busqué otras opciones dentro de mi ciudad (Tijuana), y encontré un programa local de ESTIMULACION TEMPRANA que le ayudó muchísimo. La creadora es una persona muy acreditada en la materia. Tenía un programa de televisión local y daba cursos de capacitación de su propia técnica a algunas personas, para difundirla en distintos lugares dentro de la ciudad.

Con ayuda de este programa finalmente Caroline logró gatear, y un poco después de que aprendió a hacerlo, a la edad de 1 año y medio, sorpresivamente empezó a caminar. Con estas clases pudo avanzar bastante en su coordinación motriz gruesa, y ponerse al corriente con algunos movimientos que por su edad ya debía de realizar. A la par del avance de Caro, estas sesiones fueron muy benéficas para mí, debido a que asistíamos muchas mamás con bebés, lo cual me permitía compartir experiencias, socializar, platicar con ellas y sobre todo, distraer mi mente saliendo de la rutina en ocasiones estresante de casa.

CAPÍTULO VII

El camino correcto

Pide y se te dará, busca y encontrarás, toca y se te abrirá.

Yo seguía desesperada por lograr que mi niña aceptara alimento por la boca, ya que tampoco había podido eliminar los vómitos diarios; sin embargo, tal como suele suceder, cuando alguien "busca" y pide con mucha fe, tarde o temprano "encuentra".

Continúe llevando a Caroline a la terapia ocupacional, hasta que un buen día platicando con la terapeuta que la asistía para aprender a comer, esta me comentó que en su opinión sería bueno reconsiderar como solución la funduplicatura, que era la intervención quirúrgica que el gastroenterólogo había propuesto anteriormente. Pienso que hasta ella podía ver que esos casi 2 años de sesiones con ella, no implicaban ningún progreso. A pesar de no entender al cien por ciento lo que me decía debido al idioma, logré comprender que me recomendaba consultar el caso con un cirujano que conocía, y que sabía que realizaba esta operación con muy buenos resultados. La terapeuta me aseguró que ella había sido testigo de un avance considerable durante sus terapias, en los pacientes que se habían hecho esta intervención con él.

De acuerdo a su experiencia, la terapeuta había observado que los niños que habían tenido problemas de reflujo y vómitos, no sólo mostraban una gran mejoría, sino que además no presentaban el efecto secundario del reflejo nauseoso, que aparecía muy comúnmente después de esa operación, por lo que los pacientes poco a poco iban aceptando comer oralmente con éxito.

Aun cuando yo seguía resistiéndome a hacerle este procedimiento a Caroline, contacté al cirujano del que me habló la terapeuta y agendamos la cita. Pensé que no habría nada que perder con ir a verlo. Al visitarlo en su consultorio, me explicó a detalle cómo sería esa intervención quirúrgica y cómo ayudaría a mi hija a dejar de vomitar; el me causó muy buena impresión como médico.

Caroline tenía ya casi 2 años, durante los cuales yo había vivido prácticamente una lucha constante para que ella mantuviera el alimento en el estómago, además de que yo había tenido que estar siempre al pendiente de volverle a dar de comer cada vez que vomitaba, agregando a esto la constante angustia y preocupación de que obtuviera la nutrición suficiente para su desarrollo físico, el cual como ya había mencionado, iba de manera correcta; a costa de mucho estrés y disciplina de alimentarla a como diera lugar. Mi enfoque siempre era procurar que mi hija tuviera un crecimiento y desarrollo óptimos.

A pesar de toda esta difícil situación que vivíamos día a día con Caroline, salí de la consulta sin haberme convencido aún de que la funduplicatura fuera la opción para solucionar el problema de salud de mi hija.

Mi esposo y yo llegamos al punto de haber perdido todas las esperanzas, desesperados y frustrados de no poder hacer nada por cambiar la situación. ¡Ya eran dos años y nuestra hija no podía alimentarse normalmente!

Insistir, persistir, resistir, y nunca desistir.

No recuerdo exactamente el día, pero luego de platicarlo mi esposo y yo, y habiendo agotado todas las alternativas, decidimos volver con el cirujano para agendar la cirugía. Esta vez asistimos los dos a consultarlo. Yo quería estar completamente segura de que hubiera una comunicación perfectamente clara en el idioma inglés, por la presencia de mi esposo. Fue una situación crítica el estar ahí con mi hija en brazos y escuchar al doctor hablar de todos los detalles del procedimiento, y mientras lo hacía, algo dentro de mí me gritaba que ese no era el camino. No pude contenerme más y empecé a llorar. El cirujano al verme así, me dijo que si no estaba segura de continuar con la cirugía, no lo hiciera. Era un doctor frío, no muy gentil, pero creo que era sensato. Después de que me comentara eso, fue que ya no pude más y empecé a desahogarme con lágrimas en los ojos, platicándole todo lo que habíamos vivido en estos dos años de vida de Caroline; que no le habían realizado ningún tipo de estudio más minucioso para revisar por dentro sus órganos; que nunca le habían hecho una endoscopía, y que los únicos estudios que le habían hecho para el diagnóstico habían sido cuando nació en el hospital; solo para medir la acidez y algunas radiografías, pero nada más. Le narré como a lo largo de todas las consultas y tratamientos la habían encajonado siempre en el reflujo, pero que precisamente por no haber indagado más en el porqué de su condición, yo no estaba convencida que solo fuera reflujo.

Yo consideraba que no había suficientes fundamentos clínicos para someterla a la funduplicatura. Luego de escucharme, el cirujano nos recomendó consultar a una colega suya, especialista en gastroenterología; me dio sus datos y salimos de ahí con una nueva esperanza. Llamé a la brevedad para agendar cita con la que sería el tercer médico gastroenterólogo que consultaríamos en esa misma Clínica.

Llegado el día de la cita con la gastroenteróloga recomendada, me encontré con una doctora que sentí era más humana y amable que los anteriores. Le expliqué en resumen el historial de mi hija y su primer comentario fue: "Vamos a hacer una endoscopía". Al escuchar que alguien finalmente le haría este estudio a mi hija, fue como escuchar la voz de Dios diciéndome "ahora sí vamos por el camino correcto". Sentí una gran felicidad dentro de mí al saber que por fin habría una exploración médica desde dentro, y entonces podríamos ver qué es lo que pasaba realmente en su sistema digestivo. No soy médico ni nada relacionado a esa profesión, pero sí soy madre. Mi instinto y sentido común me decían que ésta era la manera de encontrar lo que realmente sucedía en el cuerpo de mi Caroline.

Caroline tenía ya cumplidos los dos años de edad cuando le realizaron el estudio de endoscopia, con el que efectivamente encontraron signos de reflujo, pero había algo más relevante. El mayor descubrimiento fue una estrechura en el duodeno, que es la primera parte del intestino delgado, en donde se une con el estómago. Esto significaba que había una obstrucción que no permitía vaciar el alimento del estómago correctamente hacia el intestino. Esta condición es conocida como **estenosis duodenal** y es una malformación congénita rara, en la cual el duodeno no se ha desarrollado adecuadamente. Este no está abierto por completo y no puede permitir el paso de los contenidos del estómago. También durante ese mismo estudio al que fue sometida, le tomaron biopsias a lo largo de todo su tracto digestivo para analizar el tejido interno.

Por fin teníamos el diagnóstico completo. Era la respuesta al por qué de tantos vómitos después de darle de comer a mi bebé. Ahora entendía la dificultad que su estómago tenía para poder vaciarse de manera normal durante el proceso de la digestión, y entonces todo me hacía sentido. La comida entraba, llegaba a su estómago y se quedaba atrapada ahí, drenándose de una manera muy lenta.

No quiero ni imaginar lo que mi hija habría sufrido si yo hubiera aceptado aquella cirugía para cerrarle el paso de regreso del estómago hacia el esófago. Le daba gracias a Dios el haberme iluminado para negarme. Es inimaginable el dolor y la sensación tan horrible por la que la niña hubiera pasado recibiendo el alimento, sin poderlo expulsar por la boca.

Escucha siempre tu voz Interior

Una vez teniendo este diagnóstico que me parecía bien determinado, volvimos con el cirujano, pero en esta ocasión para hablar sobre la cirugía correctiva de este problema. A diferencia de la consulta anterior, me sentía muy optimista, y quería que la cirugía de duodeno fuera lo más pronto posible para seguir con la sanación de mi hija. Unas semanas después, se llevó a cabo la intervención. Yo estaba feliz y tranquila, tenía la certeza y la fe que a partir de este día todo empezaría a mejorar; no me detuve a pensar en obstáculos ni tampoco en el proceso de recuperación post operatorio.

La operación duró un par de horas en las cuales mi esposo, mi mamá y yo estuvimos en la sala de espera, pidiéndole a Dios iluminara al médico para que todo saliera con bien.

La incisión fue en forma horizontal, de más o menos 6 cm, en su área abdominal; el cirujano nos explicó el hallazgo encontrado: había tejido obstruyendo el paso que normalmente existe entre el estómago y el duodeno, confirmando lo que ya se había visto en la endoscopía. A pesar de que este espacio no estaba totalmente cerrado como sucede en algunos casos, Caroline tenía tan solo 2mm de apertura del duodeno y evidentemente esta era la razón por la cual vomitaba. Su estómago quedaba lleno de alimento sin poder vaciarse al intestino, pero con la cirugía se había eliminado todo el tejido que obstruía, dejando totalmente abierto el paso de acuerdo a su anatomía natural.

Al salir del quirófano y por los dos primeros días, Caroline estaba muy incómoda. Como en cualquier proceso postoperatorio, se le suministraban por vía intravenosa medicamentos para el dolor y para prevenir infecciones, así como suero para mantenerla hidratada y proporcionarle los nutrientes. Estos primeros días fueron los más pesados, debido a que le dejaron una sonda nasogástrica (desde la nariz hasta el estómago), que drenaba los fluidos del estómago para ayudar a la cicatrización interna del duodeno. El área operada se tenía que mantener muy limpia para evitar infecciones, no podíamos darle absolutamente nada de alimento.

A pesar de que mi hija siempre fue muy valiente sin llorar ni quejarse mucho, estos días sí tuvo muy mal semblante. Su carita reflejaba bastante incomodidad, dolor y hambre. A pesar de ello nunca pidió comida.

Para mí como mamá fueron también días muy pesados por verla pasar malestares, pero me consolaba el saber que había sido por el bien de su salud.

Conforme iban pasando los días fue siendo todo más llevadero. Su estado general iba mejorando, sobre todo cuando le retiraron la sonda y empezamos a suministrarle alimento, se notó inmediatamente un reflejo de alivio en su cara, además que naturalmente la recuperación de los niños es increíblemente más rápida en comparación con la de un adulto. Su estancia en el hospital fue pesada por lo que conlleva el proceso de restablecimiento posterior a una operación, pero tuvimos la suerte de que me permitieran quedarme con ella todos los días de hospitalización e incluso a dormir.

Nos asignaron un cuarto bastante amplio, con un sofá que me permitía tener un buen descanso. Además, por ser un hospital de niños, tenían un cuarto de juegos para los pacientes, así como visitas a los cuartos de mascotas entrenadas para darle a los niños distracción y una permanencia lo más agradable bajo estas circunstancias.

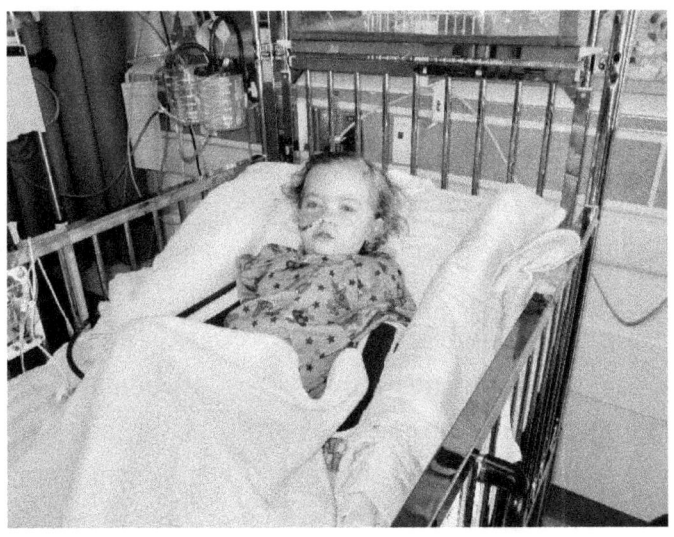

La operación fue exitosa, se corrigió totalmente el problema físico y pudimos apreciar inmediatamente una disminución en la frecuencia de sus vómitos, aun cuando teníamos que seguir dándole la comida por el tubo gástrico, pues por su boca seguía siendo nula la aceptación de comida por la aversión a los alimentos que ya había desarrollado por haber vomitado diariamente por estos dos años.

Una vez recuperada de su cirugía, la gastroenteróloga ordenó hacerle otro estudio, Rayos X (Radiografía) del tracto gastrointestinal (GI) superior, con el fin de conocer el funcionamiento en tiempo real del tracto digestivo. **La radiografía del tracto gastrointestinal superior o GI superior** utiliza una forma de radiografía en tiempo real llamada fluoroscopia y un material de contraste a base de bario para producir imágenes del esófago, el estómago y el intestino delgado. Es segura, no invasiva, y se puede utilizar para ayudar a diagnosticar en forma precisa el dolor, el reflujo gástrico de ácido, la sangre en las heces y otros síntomas.[7] El estudio arrojo el funcionamiento de su estómago al 50% en comparación a cualquier otro niño de su edad. La doctora nos informó que probablemente era debido al bloqueo anatómico con el que había nacido, el cual había impedido que este órgano trabajara normalmente al vaciarse durante el proceso de digestión y que esperaba que

---

[7] https://www.radiologyinfo.org/sp/info.cfm?pg=uppergi

con el tiempo ya habiendo sido corregido su bloqueo, empezaría poco a poco a trabajar de manera normal.

Adicionalmente, semanas después nos entregaron el resultado de las biopsias que habían tomado en aquella primera endoscopía y el diagnóstico fue una alergia llamada **esofagitis eosinofílica**, la cual tiene como síntomas en los niños: dificultad para alimentarse y tragar (disfagia), náuseas, vómitos, dolor abdominal, atascamiento de los alimentos en el esófago después de tragar, ausencia de respuesta a los medicamentos para la enfermedad de reflujo, crecimiento deficiente, desnutrición y adelgazamiento; y si no se trata oportunamente, con el paso de los años incluso puede ir ocasionando estrechez en la garganta debido a que el cuerpo como reacción de defensa se contrae. Afortunadamente este último síntoma no era su caso. ¡Ahora sí!, por fin teníamos todas las piezas del rompecabezas juntas y sabíamos las causas reales de los padecimientos de Caroline; la combinación del bloqueo en su duodeno, con los efectos terribles de estas alergias.

La **esofagitis eosinofílica** es una enfermedad crónica del sistema inmunológico, que tiene apenas 2 décadas de haber sido descubierta por la ciencia médica. No es una enfermedad común y su diagnóstico se confunde fácilmente con reflujo gastroesofágico. Actualmente se considera como una de las causas principales de las enfermedades del aparato digestivo[8].

Esta alergia consiste en la inflamación del esófago por **eosinófilos**, un tipo de leucocitos sanguíneos que participan en la inmunidad frente a ciertas infecciones (especialmente por parásitos) y en muchas enfermedades alérgicas. Cuando el esófago se inflama, su función se altera, apareciendo los síntomas antes mencionados.

La clínica especializada para estos trastornos digestivos a la cual fue referido el caso de mi hija, tenía pocos años de haberse establecido dentro del mismo hospital de Niños en San Diego. Al explicarnos la sintomatología nos dimos cuenta que era justamente lo que mi hija había sufrido desde su nacimiento.

Debido a que es una enfermedad relativamente nueva, los investigadores todavía no están seguros sobre la causa exacta de la esofagitis eosinofílica. Tampoco existe una cura para la misma, pero los tratamientos han demostrado que pueden ayudar con sus síntomas y evitar así daños mayores. [9] Esperemos que pronto se obtengan formas de diagnóstico y tratamiento eficientes.

---

[8] https://www.mayoclinic.org/es-es/diseases-conditions/eosinophilic-esophagitis
[9] https://medlineplus.gov/spanish/eosinophilicesophagitis.html

Hasta ese entonces, el único alimento que Caroline ingería era la fórmula de completa nutrición especial para casos de niños con uso de tubo gástrico, por lo que no podíamos hacer ningún cambio en su dieta como para ir descubriendo o descartando alimentos a los que pudiera ser alérgica; como huevos, leche o nueces que son de los principales alérgenos alimentarios.

El tratamiento que indicaron los médicos especialistas en la clínica, fue el uso de esteroides por vía oral. Le recetaron a mi hija un medicamento que normalmente se da inhalado para el alivio de asma, que viene en presentación líquida y que había que mezclarlo con 10 paquetitos de un sustituto de azúcar como conductor.

El medicamento ya mencionado se le tenía que dar aproximadamente media hora antes de alimentarla, para que este pudiera trabajar efectivamente. El objetivo de mezclar la medicina con el sustituto de azúcar, era el de espesarlo y que pudiera quedar por un lapso mayor como "untado" en el tejido interno. De esta forma el efecto que hacía era recubrir todo el trayecto digestivo con los esteroides, como una especie de capa protectora hasta llegar al estómago, disminuyendo la inflamación en las paredes internas ocasionada por la alergia.

¡La verdad me asusté muchísimo cuando escuché que le tenía que dar a mi pequeña hija un sustituto de azúcar! Es un endulzante sin calorías, obtenido a partir de un proceso que comienza con azúcar. Si bien este químico llamado sucralosa tiene la estructura del azúcar y sabe a azúcar, no es un producto natural. Me preocupaba bastante tan solo de pensar en darle esta sustancia química a mi hija no solamente por ser tan pequeña, sino por las cantidades tan grandes que tendría que consumir. Había leído de los efectos nocivos que pueden causar estas sustancias en quien lo consume, pero finalmente ese era el tratamiento adecuado que existía hasta ese tiempo cuando mi hija fue diagnosticada, y había que hacer lo que se tuviera que hacer. Desconozco si siga siendo el mismo tratamiento actualmente. Lo que yo recomendaría es consultar a un médico especialista en esta materia.

Darle este medicamento se convirtió en un nuevo reto, porque para que la medicina hiciera efecto, yo tenía que dársela oralmente y de manera muy, muy lenta. Precisamente esta había sido mi lucha diaria de los últimos 2 años, el que mi hija aceptara comida oralmente. Imagínense ahora, que tendría que hacer a como diera lugar el que ella aceptara esta mezcla de medicina.

Después de un mes de haber iniciado este tratamiento, mi esposo y yo empezamos a ver mucha mejoría en Caroline. Los vómitos eran muy pocos, y al paso de las semanas se fueron desapareciendo, pero seguía sin querer aceptar la comida. No obstante, mi razonamiento me hacía pensar que no debía seguirle dando esas cantidades tan grandes de sustituto de azúcar a una pequeña; esa era mi forma de pensar. Mi instinto como mamá de nuevo me indicaba que tenía que haber otras opciones para hacer que el medicamento funcionara.

Entonces les pregunté a los médicos acerca de cuál sería la segunda mejor opción para darle ese medicamento a mi hija, y me explicaron que en algunos casos había funcionado esta medicina combinándola con puré de manzana, lo cual me pareció más apropiado para mi hija, por lo que decidí hacer la mezcla de los esteroides de esta manera. Gracias a Dios funcionó perfectamente.

Por otro lado, los doctores nos informaron que, respecto a los efectos secundarios que comúnmente se asocian con el uso de esteroides, no teníamos mucho de qué preocuparnos porque era muy poco probable que Caroline los llegara a padecer, debido a que este tipo de medicamentos pasaban de manera muy rápida por el cuerpo, sin dar oportunidad a que se absorbieran y entraran en el torrente sanguíneo. Sin embargo, como Caroline estuvo bajo este tratamiento por 3 años, de manera preventiva se le estuvieron realizando exámenes anuales de los ojos, para estar seguros que no fuera a desarrollar glaucoma[10], que podría ser una de las secuelas. Otra consecuencia del uso prolongado de esteroides que se tenía que descartar, era la baja densidad ósea[11]. Por este motivo igualmente se le hicieron estudios para revisar sus huesos, los cuales salieron bien, pero cuando le revisaron el nivel de vitamina D, que es necesaria para la absorción del calcio, salió bajo, y debido a esto tuvo que tomar este suplemento diariamente para reforzar la asimilación de este mineral.

"La Madre Naturaleza se quedó corta con las mujeres al dotarnos de resistencia física y fuerza muscular, pero enmendó el entuerto proporcionándonos dos armas secretas: la inteligencia y la intuición." Joan Brady

Con esta cirugía y el tratamiento de esteroides parecería que el problema de los vómitos había quedado resuelto. Ahora faltaba lograr que mi hija comiera por la boca en vez de por el tubo gastrointestinal por el que se alimentaba.

---

[10] El Glaucoma es un grupo de afecciones oculares que dañan el nervio óptico, cuya salud es vital para tener una buena vista. Este daño se produce a menudo por una presión más alta de lo normal, en el ojo. Fuente: mayoclinic.org

[11] La Densidad ósea es la medida de la cantidad de minerales (por lo general calcio y fósforo) que contiene cierto volumen de hueso. Fuente: cancer.gov

CAPÍTULO VIII

Aceptación y Adaptación

Después de haber llevado a Caroline a clases de estimulación temprana en Tijuana, México, que le habían servido enormemente para su motricidad, llegó la hora de buscar alguna otra opción para seguir ayudándola, pues ya con 2 años y medio de edad se encontraba en otra etapa de su desarrollo, por lo tanto decidí buscar una escuela donde la pudieran aceptar con las condiciones de vida que ella presentaba, como el recibir la comida por medio del tubo gástrico, pero sobre todo un lugar en el que pudieran participar de manera activa en su progreso para superar esta situación.

Visité varios Colegios privados en Tijuana, pero al final elegí uno que trabaja bajo el sistema Montessori. Supe que era el lugar adecuado para Caroline porque percibí varias "señales" que no pueden provenir más que de Dios, bendiciones que si no estamos alertas, no las vemos y las podemos perder:

Primero. -Esta escuela tenía un ritual para la hora de la comida haciéndolo sumamente agradable, lo cual era importantísimo para ayudar a resolver la aversión a los alimentos de Caroline.

Segundo. - La Directora del Colegio no puso ninguna objeción respecto a la situación del tubo gástrico, aceptándola de muy buena manera. Yo tenía la referencia de una visita que realicé anteriormente a otra escuela, en la que la directora me solicitaba una carta del médico responsable del caso, explicando la condición médica de Caroline, como a manera de protección legal de la institución. El solo hecho de escuchar esta solicitud y la forma en que me lo pidió, me hicieron eliminarla inmediatamente de mis opciones.

Tercero. - La maestra del grupo al que estaría asignada Caroline, además de ser guía certificada Montessori, también era enfermera de profesión. En ese momento yo no la conocía, pero cabe agregar que más adelante que la fui tratando una vez que ingresó mi hija a la escuela, descubrí la excelente persona que es y lo bien que recibió a mi hija desde el primer día. Ella es quien se encargaría de proporcionarle a la niña su comida durante la estancia que pasara en este Colegio Montessori.

El ritual de los alimentos era un proceso en el cual todos los niños participaban; incluía poner la mesa, sentarse a comer todos juntos y dar gracias por el alimento, mismo que consistía en una variedad grande de comida fresca y nutritiva, dentro de un ambiente muy bonito. Participar de este ritual diariamente y ver a todos los niños comer era algo que sería de muchísima ayuda para mi hija.

Parte de la rutina en la escuela incluía tomar una siesta al terminar de comer, así que mientras todos los niños se iban a dormir, la maestra aprovechaba para darle su comida a Caroline, pues ella solo observaba a los demás comer durante el almuerzo, pero no ingería nada, excepto por algunas probadas pequeñas. La sentaba en una silla reclinable y así con un poco de inclinación le iba pasando el alimento por el tubito. La mayoría de las veces Caroline se arrullaba por el cansancio de haber hecho sus actividades en la escuela y se quedaba dormida al finalizar su comida.

En esa etapa utilizábamos una bomba de alimentación portátil accionada de manera electrónica, que impulsaba la fórmula hacia el estómago de manera automática. Se vaciaba en una bolsa de plástico especial que tenía una sonda larga de plástico flexible, que se conectaba a la bombita y a su vez llegaba hasta la pancita de mi niña. Con esta maquinita se podía incluso programar la velocidad a la que se le daba el alimento, especificando la cantidad de mililitros que la bomba succionaría durante una hora. Este accesorio de alimentación fue de gran utilidad haciendo mucho más fácil este proceso. Los médicos no me la proporcionaron de inicio, porque decían que con este tipo de bombas se hacia la alimentación más artificial y no ayudaba al avance de hacerla comer. Claro que esto fue cuando solo pensaban que lo único que tenía Caroline era reflujo. Ahora pienso que hubiera tenido mucho menos estrés de haber tenido esta bomba desde el inicio. Realmente era una diferencia enorme utilizarla en comparación al uso de la jeringa especial que utilicé al principio.

Al paso de unas semanas, la directora de la escuela me sugirió que sería más conveniente que recogiera a Caroline después del ritual del refrigerio, para que ella tuviera su alimento por sonda en casa y pudiera dormir la siesta cómodamente en su hogar, pues de cualquier forma las actividades habituales de clase se hacían principalmente durante la mañana, antes de la hora de la comida. La directora fue muy acertada en considerar innecesario que mi hija durmiera de forma incómoda; me sentí muy agradecida con ella de que se preocupara por el bienestar de mi hija, y por procurar que su paso por la escuela fuera siempre una experiencia agradable.

Como mi niña ya estaba grandecita para una silla alta para comer, se me ocurrió comprar un sillón reclinable para niños, y que se sentara ahí con más comodidad en el lapso que tardaba la bomba de alimentación en pasarle su alimento, después de haberle presentado diferentes opciones de comida en la mesa para experimentar, y probar si teníamos suerte. Era importante aprovechar los momentos que pudiera sentir más hambre con su estomaguito vacío y ver si así, lograba comer. Una vez que veíamos que ya ni si quiera probaría algo, la sentábamos en su sillón y le dábamos libros de cuentos infantiles y de colorear, o en ocasiones le prendíamos la televisión con sus caricaturas favoritas para mantenerla entretenida. Conservar a un niño de esta edad quieto no es fácil, así que hacíamos lo posible en amenizarle ese período sentada.

Algunos meses después de haber entrado a la escuela, su maestra me hizo la observación de que encontraba un ligero retraso en el habla de Caroline y me recomendó que tomara terapia del lenguaje.

Tiempo a atrás, cuando Caroline tenía 1 año y 8 meses, en una visita médica de rutina, su pediatra le hizo una evaluación simple de lenguaje para revisar cuál era el nivel de desarrollo que tenía, y encontró que existía un poco de desfase a pesar de compararla con su edad ajustada, por lo cual me refirió con especialistas para iniciar terapia de lenguaje, pues la cantidad de palabras y frases que mi hija utilizaba eran muy pocas en comparación a otros niños de su edad. Como ella era muy pequeña aún, preferí darle más tiempo de maduración para que avanzara por si sola en esta área, además de que estas terapias implicarían más viajes a San Diego, viajes que nos sumarían más cansancio tanto para ella como para mí, por lo cual decidí posponerlas, dándole prioridad a las otras terapias que ya tenía en su agenda habitual.

Así pues, cuando llegó la recomendación de la maestra en la Escuela Montessori, no me sorprendió. Ella me sugirió un consultorio en mi localidad, lo cual fue muy conveniente. De esta manera evitaría más viajes al otro lado de la frontera, además de tener la ventaja de poder comunicarme con facilidad en mi propio idioma con la terapeuta que la asistió. Estas sesiones tuvieron un efecto muy positivo en Caroline y fueron de gran ayuda para mejorar su habla, pues a sus casi 3 años estaba próxima a entrar en primero de kínder y era muy importante poder comunicarse bien con los compañeritos para poder socializar. Estas terapias las tomó por tres años.

Es muy común en los niños prematuros tener ciertos retrasos en algunos aspectos de su desarrollo por la misma inmadurez con la que nacen. Sin embargo, mi hija siempre fue y ha sido una niña muy inteligente y capaz, otra cosa por la que tengo de qué estar agradecida. Después con los años, supe que en realidad muchos niños que a pesar de no haber nacido prematuros necesitan de este tipo de ayuda para hablar. De hecho, mi hijo Matthew, que nació más cerca de su término, requirió también de este tipo de terapia por casi tres años.

Pienso que es muy importante y recomiendo fuertemente a todas las mamás, en especial a las de niños prematuros, que estén al tanto del desarrollo de este aspecto de sus hijos, para que en la medida de las posibilidades se les atienda oportunamente, puesto que un niño con el más mínimo de los retrasos en el habla, aun cuando pueda comunicarse, y entender, pero que tenga dificultad para hablar fluido o con mala pronunciación, puede llegar a afectar su autoestima y provocar que se vaya aislando, agravando todavía más el problema.

"Nada sucede por casualidad, en el fondo las cosas tienen su plan secreto, aunque nosotros no lo entendamos". Carlos Ruiz Zafón

En cuanto a los avances para lograr que Caroline comiera por la boca, nos encontrábamos en el punto de estancamiento. Ésta fue otra etapa larga que vivimos. Ahora ya no teníamos el estrés de verla vomitar todos los días, pero sí vivíamos con la preocupación constante de que pudiera comer; a veces llegaba a aceptar bocados, probaditas pequeñas, pero nunca eran lo suficientemente significativos como para que se considerara su alimento.

Por otro lado, seguíamos yendo a terapia ocupacional en donde continuaban con la recomendación de seguir exponiéndola a la comida cuando mi hija tuviera hambre, y eso seguíamos haciendo.

Yo escuchaba y veía historias en los consultorios médicos de niños que se hacían grandes alimentándose por medio de tubos gástricos; incluso, me tocó ver a una niña ya jovencita que llevaba tubo gástrico en la oficina del cirujano. Me parecía inconcebible el que mi hija pudiera estar así, y en mi mente no existía esa opción, yo estaba determinada a seguir luchando y buscando la forma para que Caroline pudiera comer en un futuro próximo por la boca.

Otra experiencia que viví durante estos años en las visitas a los consultorios médicos y al hospital, fue ver a mi alrededor tantos niños con diversas enfermedades y condiciones físicas que resultarían muy difíciles para cualquier mamá; por ejemplo niños postrados en sillas de ruedas especiales, sin movilidad alguna, lo que me hacía recapacitar en lo "pequeña" que realmente era la dificultad que tenía Caroline y me nacía un enorme agradecimiento a Dios de que el problema fuera éste y no uno más grave. A veces cuando vivimos pruebas difíciles en nuestras vidas creemos que es lo peor que nos puede pasar o que Dios se ha olvidado de nosotros, pero con tan solo voltear a ver a nuestro alrededor, nos basta para saber apreciar y agradecer lo que tenemos.

CAPÍTULO IX

Cuando dos sueños se juntan

Mi sueño de ser madre estaría completamente realizado teniendo un par de niños, porque siento que es una experiencia hermosa el crecer junto con hermanos o hermanas; esas personas con las que compartirás las memorias de tu vida. Tal vez lo pienso porque vengo de una familia de 4 hijos y recuerdo el gran regalo que fue tener su compañía, en especial la de mi hermana mayor, Rosa Martha, la más cercana a mi edad, y así era como yo quería que mi niña también tuviera a alguien con quien compartir las experiencias de su niñez y de su vida.

A la par de estar viviendo tiempos de incertidumbre con mi hija, principalmente por no saber cuándo y cómo se normalizaría su forma de alimentarse, y sintiendo un enorme deseo de verla complemente sana, tenía también el gran anhelo de tener otro hijo. Por otro lado, también sentía un poco la presión de que me acercaba a mis 40 años, por lo que esperar a que mi hija superara todos sus obstáculos de alimentación para poder planear otro embarazo, no era una alternativa. Por lo que pensé que era el momento adecuado para buscar tener a nuestro segundo hijo.

Le pedí a Dios con todas mis fuerzas que me ayudara a hacer realidad ese anhelo. Oraba para que me concediera tener un hijo sano, y le pedía me diera la fuerza para terminar de sacar a mi hija adelante.

Posiblemente haya personas que no crean en Dios y en su lugar crean en la fuerza del Universo, sin embargo, para mí la fe en Dios fue precisamente la que me dio la seguridad de que mi deseo tan grande se daría. En aquel momento no sabía cómo se iban a acomodar las circunstancias, pero algo sí sabía, y eso era que El me daría los medios para formar mi familia como tanto lo había soñado.

Cuando compartía con Brian estos pensamientos y deseos, él me contestaba que en su mente era impensable la idea de tener otro hijo bajo las circunstancias en las que vivíamos con nuestra Caroline. Seguramente mi esposo se enfocaba solamente en las adversidades a las que nos estábamos enfrentando con su salud, o en los problemas tan fuertes que habíamos tenido como pareja, originados por el estrés bajo el que llegamos a estar. A mí en cambio me resultaba sumamente triste pensar en no poderle dar un hermano a nuestra hija, y negarnos a la oportunidad de vivir un embarazo y nacimiento en circunstancias más favorables.

Al ver la renuencia de mi esposo para buscar otro embarazo, me atreví a tomar una decisión arriesgada. Sin decirle nada dejé de tomar las pastillas anticonceptivas, y después de intentar por varios meses embarazarme sin lograrlo, busqué al mismo doctor de fertilidad al que había acudido para lograr tener a mi niña para que nuevamente me ayudara a concebir un bebé.

El médico me recetó las mismas pastillas de citrato de clomifeno que me había dado la primera vez para estimular la ovulación, pero después de algunos meses de tomarlas sin éxito me ofreció otra alternativa. Esta vez se trataba de un tratamiento de fertilidad más fuerte, mediante una inyección que favorece la ovulación. No recuerdo el nombre de este último medicamento.

Me acuerdo muy bien, casi como si fuera ayer, cuando en el consultorio del doctor de fertilidad estaban por inyectarme este tratamiento de hormonas para inducir la ovulación, y me advirtieron que había un alto riesgo de que se diera un embarazo múltiple. Cuando escuché esto ya casi todo listo para proceder, tuve un momento de crisis en la cabeza, viniéndose a mi mente un mundo de pensamientos de temor, al imaginarme lo trágico que podría ser que me sucediera esto con mi condición de matriz, y a la vez sentía el miedo de que lo estaba haciendo sin el apoyo de mi esposo. En cuestión de un minuto tuve que pausar para pensar y deliberar si debía continuar o no. Pero mi gran deseo de tener otro bebé era más fuerte. Me armé de valor y con toda la fe puesta en mis acciones, le dije al personal médico que sí aceptaba los riesgos.

Después de pasar los días que me indicó el doctor para poder hacerme una prueba comercial de embarazo ante la sospecha de estarlo, compré una y me dispuse a hacerla. Como mi esposo no sabía nada de este tratamiento de fertilidad, tuve que hacérmela fuera de la casa. Cuando vi que la prueba indicaba "positivo" tuve una mezcla de emoción y felicidad, aunado a un poco de temor de pensar en cómo le daría esta noticia a Brian. Era lo único que me inquietaba, por lo demás en cuanto a que si se lograría bien el bebé, me sentía optimista y no tenía ninguna duda de que así sería.

Tal vez podría haber ideado algo muy bonito y creativo para darle la noticia en otras circunstancias, pero cuando recordaba su actitud ante la idea de tener otro bebé, no me inspiraba a hacerle el anuncio de alguna manera "especial". Entonces simplemente pensé en llamarle por teléfono. Él estaba en su trabajo cuando lo hice y únicamente se me ocurrió comentarle que creía que estaba embarazada porque tenía un retraso en mi periodo. Como era de esperarse, él se mostró muy sorprendido de esta posibilidad, ya que sabía muy bien que yo estaba bajo tratamiento anticonceptivo. Sin dar más detalles únicamente le respondí que no sabía más, pero que tenía la sospecha de que estaba embarazada. Quería prepararlo mentalmente para darle después la confirmación de la noticia.

Poco tiempo después en marzo de 2012, pude confirmar con el doctor que estaba embarazada. ¡Dios me daba la oportunidad de concebir a otro niño, y me sentía feliz!. Siempre tuve la certeza que así sería y que mi sueño de ser mamá de otro bebé fuerte y sano podía suceder. Esta noticia me llenó de optimismo y estaba igualmente segura y con mucha más fe de que mi hija se recuperaría por completo.

Mi esposo, por el contrario, al reconfirmarle la noticia, se mostró con mucho miedo e incertidumbre. Él sentía que vendrían más preocupaciones y tensiones a nuestra familia y que era imposible superar de manera exitosa tantas dificultades con todo lo que ya hacíamos con Caroline, y encima de todo esto, sumar los cuidados de un nuevo embarazo de inicio y los de un recién nacido posteriormente. Él no se imaginaba cómo lograríamos vivir esta experiencia con bienestar y tranquilidad, además de que tenía mucho temor de que este bebé también fuera prematuro, y que tuviéramos que revivir el doloroso y angustiante proceso por el que ya habíamos pasado.

Un par de años después, le confesé a Brian lo que había hecho para lograr concebir a Matthew. De cualquier manera, él siempre tuvo la sospecha de que no había sido casualidad, sino que yo había buscado ese embarazo. Sé que no fue lo más honesto en una pareja, pero no se me ocurrió otra manera de hacerlo. Los motivos que tenía para tener otro bebé eran buenos para todos, para Caroline, para mi esposo y para mí, y eso es lo que me daba la tranquilidad en mi conciencia, el conocer dentro de mi corazón el por qué lo había hecho así.

El miedo en Brian no fue infundado, puesto que la experiencia nos indicaba que mi matriz, incluso habiendo hecho la cirugía correctiva, no estaba del todo apta para retener al bebé durante los últimos meses de embarazo.

A pesar de la manera de pensar de mi esposo y de escuchar sus comentarios en repetidas ocasiones de lo caótico que creía iba a ser ahora lidiar con un embarazo de alto riesgo y las necesidades especiales de nuestra hija, yo estaba muy positiva y había cierta confianza en mí de que esta vez sería diferente. Yo le decía a él, que debía tener fe, que probablemente al principio sería una etapa difícil, pero que valdría la pena. Que todo sería temporal y que al final tendríamos a nuestros dos hijos con nosotros completamente sanos y fuertes.

En cuanto confirmé mi embarazo, consulté a un médico en perinatología, pues estos son doctores ginecobstetras con especialización en medicina materno-fetal y están capacitados para atender embarazos considerados de alto riesgo, como era mi caso, o para atender partos cuyas circunstancias sean poco convencionales. Sabía que Dios me ayudaría, pero también necesitaba apoyarme de los mejores recursos para poder ver nacer a mi segundo hijo sin problemas.

Al igual que en el embarazo de mi hija, el perinatólogo me pidió que me hiciera exámenes para saber si mi bebé venía sano y más ahora con mis casi 40 años de edad, pero también en este caso rechacé realizarme esos exámenes. Sin embargo, me insistió repetidamente que por lo menos me realizara el examen de análisis de sangre, ya que no ponía en ningún riesgo mi embarazo, así que accedí a hacerme ese análisis, pero con la misma confianza que en mi primer embarazo de que todo estaría bien. Nunca olvidare sus palabras al darme los resultados del laboratorio. Me dijo que los números que arrojaba el análisis eran excelentes, incluso se mostraba sorprendido de lo bien que habían salido. A mi medio muchísimo gusto, pero no me sorprendieron, pues tenía toda la fe que mi hijo estaría sano.

Es importante recordar que cada caso es distinto, y que por eso es muy importante que siempre nos informemos e investiguemos como pacientes, para ponernos en manos de un buen profesional médico. En mi caso particular como ya tenía el antecedente de haber tenido un bebé prematuro, el especialista decidió como una opción preventiva y tratando de evitar que sucediera la ruptura de membranas como ocurrió en el primer embarazo, hacerme un procedimiento de **cerclaje**, que consiste en cerrar el cérvix por medio de suturas o cintas sintéticas para reforzarlo, ayudando a soportar el peso del bebé y así evitar que el cuello uterino se abra antes de cumplir el término del embarazo.

Este procedimiento me lo hicieron cerca de cumplir el tercer mes de embarazo. Se trata de una cirugía menor en la que utilizaron anestesia general. Fue una intervención rápida en donde además de ponerme suturas, reforzaron el cérvix con una cinta especial para este tipo de casos. A pesar de ser una intervención sencilla, tuve mucho dolor posterior a la operación, por lo cual permanecí una noche en el hospital en observación para que los doctores se aseguraran de que no hubiera ninguna alteración al bebé, antes de poderme dejar ir a casa.

A partir de ese entonces el doctor me recomendó reposo. Aun cuando sí podía realizar mis actividades cotidianas, debía estar tranquila, cuidando de no hacer mucho esfuerzo ni de cargar nada pesado. Así que procuré no caminar mucho ni subir y bajar escaleras más que cuando fuera indispensable. También cuidé de no permanecer mucho tiempo de pie, lo cual no siempre resultó fácil por las visitas médicas que tenía que hacer entre terapias, gastroenterólogo y escuela de Caroline, además de las revisiones de rutina con mi ginecólogo.

Siempre he pensado que debemos de tener una fe inquebrantable, pero al mismo tiempo tenemos que poner de nuestra parte y actuar buscando soluciones a los retos o problemas a los que nos enfrentamos para para poder ver realizados nuestros sueños. Creo que el confiar en Dios nos permite recibir su guía a través de la inspiración, para que elijamos los caminos correctos que nos llevarán a ver nuestros deseos hechos realidad.

Tanto los doctores de la clínica especializada en las alergias como los demás médicos que revisaban y evaluaban periódicamente a Caroline, nos insistían que siguiéramos con las terapias de la alimentación, sin darnos realmente ninguna otra alternativa que nos pusiera en vías de solucionar su dificultad para comer de forma contundente. A pesar de tener solucionado sus problemas de salud, los años que habían transcurrido sin comer oralmente debido a todas las incomodidades de nausea y vómitos que vivió durante tanto tiempo, nos tenían estancados en el proceso.

Hasta que un buen día en una plática en la consulta con la gastroenteróloga, la misma que la diagnosticó correctamente, al escucharme decirle que no había ningún progreso, nos presentó la opción de un programa intensivo para ayudar a este tipo de casos severos con aversión a la comida. La doctora nos explicó que mi hija sería una buena candidata y que había muy pocos lugares disponibles, pero que si me interesaba ella podía inscribir a mi hija en este programa. Inmediatamente y casi sin pensarlo le dije que por supuesto que aceptaba que Caroline asistiera.

La doctora me explicó que para hacerlo, Caroline debía internarse junto conmigo en el hospital, en donde entre otras medidas, le suspenderían totalmente el alimento a través del tubo gástrico para inducirla más fácilmente a que probara comida por la boca. Naturalmente la niña tendría monitoreo médico las 24 horas del día ya que de lo contrario podría ponerse en riesgo su salud.

Sin embargo, mi embarazo que por obvias razones había sido diagnosticado de alto riesgo, ya estaba avanzado. En esos días ya había cumplido los 4 meses, de manera que después de darle vueltas en la cabeza, concluí que sería muy difícil poderme internar dos semanas en el hospital en esas condiciones con Caro, puesto que éste era el tiempo que contemplaba el programa.

Así que después de platicarlo con la doctora, ella lo entendió perfectamente y estuvo de acuerdo conmigo en que sería mejor esperar, y accedió a posponer el inicio de este proceso para después de que naciera mi hijo.

Me hacía muchísima ilusión pensar en el éxito de este programa, y confiaba que sería la manera en que por fin Caroline lograría comer en forma natural. También me seguía sintiendo muy optimista respecto a mi embarazo, y no tenía la menor duda de que mi hijo nacería sin ninguna complicación para que yo pudiera pasar esos 15 días acompañando a su hermana en este trance de vital importancia. Lo veía como si fuera otra señal de que Dios me estaba concediendo lo que tanto le había pedido. Finalmente visualizaba el cómo y el cuándo mis sueños empezarían a hacerse realidad.

Dios no pone sueños en nuestro corazón, si sabe que no se pueden cumplir.

Mas o menos un mes después de haber visto a la gastroenteróloga de Caroline y habiendo cumplido los 5 meses de mi embarazo, empecé a sentir unas contracciones muy fuertes. Me acuerdo muy bien de esa tarde que estaba en casa con Brian y mi niña cuando iniciaron estas molestias y aunque primero me asusté un poco, me daba tranquilidad que esta vez y a diferencia de mi primer embarazo yo sí estaba preparada, puesto que ya me habían hecho el cerclaje. No dudé en actuar rápido, ni me puse a pensar qué hacer, sino que casi instintivamente le dije a mi marido: "No me siento bien, me voy al hospital". Desafortunadamente no era opción el que él me llevara, pues era necesario llegar cuanto antes con mis doctores y considerando que tenía que cruzar la frontera y que sólo yo tenía el pase de cruce rápido (un permiso especial de viajero frecuente para utilizar líneas rápidas), debía hacerlo sola.

No recuerdo bien, mi memoria no registró la expresión o repuesta de mi esposo cuando le dije que me iba sola, pero en ese instante no sabíamos qué tan riesgosa era la situación y tampoco me quedaría a averiguarlo en casa. Mi prioridad era asegurar que mi embarazo siguiera bien, entonces con mucha determinación tomé las llaves de mi carro y salí camino al hospital. Brian se quedó en casa con Caroline.

En el trayecto rumbo al hospital, lo único que yo pensaba y pedía a Dios era que El me permitiera llegar con bien a mi destino. En cuanto entré a recepción a registrarme, sentí un alivio enorme y una gran tranquilidad de ya estar ahí. Afortunadamente me atendieron de inmediato. Luego de revisarme me indicaron que gracias a Dios mi cérvix estaba bien cerrado y que todo parecía estar en orden. Sin embargo, sí requirieron internarme para estar en observación por algunos días y poder controlar las contracciones. A pesar de que debía permanecer en reposo, sí me permitían que tuviera algo más de movilidad en comparación con mi anterior embarazo en el que también tuve que permanecer en cama.

Esta vez podía mantenerme la mayor parte del tiempo sentada, sí podía bañarme, caminar despacio e incluso ir al baño de forma autosuficiente. Estando esos días internada en el hospital me hicieron algunos estudios y análisis de rutina y antes de permitirme regresar a casa, me recetaron unas inyecciones de la hormona progesterona, que debía hacer periódicamente, para ayudar al útero a crecer durante el embarazo e impedir que sucedieran las contracciones.

La logística para salir de casa a que me pusieran las inyecciones de progesterona en un hospital cerca de la casa, no era muy práctica, pues nuestro departamento estaba en un segundo piso, de tal forma que me tomaba tiempo en bajar y subir lentamente y con mucho cuidado las escaleras de los dos pisos. Todas las citas y actividades con mi hija también se complicaron. Tuve que interrumpir por algunos meses sus terapias, tanto las de alimentación como las del habla y apoyarme en mis papás para enviar a Caroline a la escuela, debido a que los horarios con el trabajo de mi esposo no eran compatibles. Brian y yo teníamos la enorme ventaja de que mis papás eran mis vecinos, lo cual hizo mucho más fácil resolver situaciones como esta.

Aun con las inyecciones y teniendo todos los cuidados, 4 semanas después nuevamente iniciaron las contracciones y en consecuencia tuvieron que internarme en el hospital una semana. Tuve que dejar a mi hija una vez más al cuidado de mis papás, quienes la llevaban y traían de la escuela, y se hacían cargo de ella hasta que mi esposo llegara de trabajar.

Mientras estuve internada esos días en el hospital me llegaron los resultados de unos análisis de sangre de rutina que me habían hecho semanas antes, en los que me diagnosticaban **diabetes gestacional**.

En ese entonces yo desconocía qué era ese padecimiento, pero solo de escuchar la palabra "diabetes" reaccioné muy mal. Me preocupó demasiado el enterarme de esta condición y empecé a sentirme físicamente muy mal: me sentí mareada, con vértigo, náuseas y con ganas de vomitar. Seguramente tuve un ataque de pánico.

Cuando la enfermera llegó al cuarto para darme las indicaciones y explicarme los cuidados que tendría que tener para cuidarme y controlar los niveles de azúcar, no quise ni pude escucharla, le pedí que regresara al siguiente día ya que estaba muy abrumada y no tenía cabeza para más información. Necesitaba digerir la noticia con calma. Mi mente se llenó de pensamientos negativos y me preocupaba muchísimo cómo iba a solucionar todo lo que estaba pasando; ¡una hija sin poder comer, un embarazo de alto riesgo y ahora controlar la diabetes gestacional!

Al día siguiente ya con la cabeza más fría y mucho más tranquila, pude escuchar con atención a la enfermera que me explicó lo importante que era tanto para mi bebé como para mí, el que aprendiera a mantener los niveles de azúcar dentro del rango normal. Para lograrlo, debía vigilar mi alimentación midiéndome la glucosa después de cada comida e ir anotando los niveles en una bitácora, con el fin de llevar un control y seguimiento. Ella me dio también una tabla que contenía diferentes tipos de alimentos como frutas, verduras, carbohidratos, carnes, aves, etc., con sus respectivas calorías por porción, para usarla de guía en la elaboración de mi dieta e ir cumpliendo con la cantidad sugerida que debía consumir por comida diariamente.

Yo estuve muy atenta a toda la información que se me dio para aprender a cómo debía comer, así como la forma correcta de pincharme el dedo para medir el grado de glucosa en la sangre después de cada comida, tal como lo hacen los pacientes diabéticos.

La diabetes gestacional[12] es un tipo de diabetes que afecta a las mujeres durante el embarazo. Su cuerpo no puede utilizar los azúcares y almidones (carbohidratos) que toma de los alimentos para producir energía. Debido a esto su cuerpo acumula azúcar adicional en la sangre. La diabetes gestacional puede afectar al bebé si no se controla:

-Puede nacer muy grande y sufrir daños si nace por parto natural;

-Puede que sufra cambios rápidos en los niveles en la sangre después de su nacimiento;

-Puede tener más probabilidad de ser obeso o tener sobrepeso durante la infancia o adolescencia.

Hacer lo que se tenga que hacer

A los pocos días me dieron de alta. Estaba lista para regresar a casa y continuar con el reposo allá. Tenía algo de movilidad siempre y cuando lo hiciera de forma tranquila, recordando por supuesto de no hacer esfuerzo de ningún tipo.

Ya en casa me puse con más calma a planear mi alimentación para mantener normal y estable mi nivel de azúcar, y al poco tiempo ya sabía casi en forma automática qué cantidades

---

[12] Fuente: cdc.gov

comer de cada alimento, evitando el consumo de algunos de ellos que eran muy altos en calorías, lo que me permitió mantener los niveles de glucosa adecuados durante el resto del embarazo, sin necesidad de tomar medicina para controlar este padecimiento. Mi prioridad era cuidar mi salud y la de mi bebé, teniendo en mente siempre que entre menos medicinas tomara sería mejor para mi hijo.

De esta manera continuaron los dos meses siguientes, hasta que alrededor de la semana 30, las contracciones empezaron a intensificarse y pese a que estaban bajo control, preferí instalarme nuevamente en casa de mi hermana que vivía en Estados Unidos, para estar más cerca del hospital en caso de una emergencia; lo que implicó dejar prácticamente a mi hija al cuidado de mi esposo y de mis papás. Era importante que la rutina de Caroline no se viera afectada y gracias al apoyo de mis papás que eran quienes la llevaban y traían de la escuela, fue posible lograrlo; además de que fueron ellos quienes le daban sus comidas por el tubo gástrico, mientras llegaba mi esposo de su trabajo a seguir con los cuidados de nuestra hija.

Mientras tanto yo permanecía acostada casi todo el tiempo. Únicamente me levantaba para lo indispensable, pues necesitaba enfocar toda mi energía en cuidar de mí, para llegar a buen término el embarazo.

Definitivamente sin la ayuda tan valiosa de mis padres, de mi hermana, quien me recibió en su casa atendiéndome con la preparación de mis comidas mientras yo permanecía en reposo, y la intervención de varias personas más que me ayudaron con los cuidados de mi hija, hubiera sido imposible cuidarme como lo hice.

CAPÍTULO X

Las bendiciones empiezan

Llegando a la semana 32, las contracciones empezaron aún más fuertes, de modo que tuve que irme al hospital donde más tarde me internaron, pues ya en mis condiciones, era necesario tener la supervisión médica las 24 horas del día.

Así transcurrieron las últimas semanas de mi embarazo, tratando de alargarlo el mayor tiempo posible, intentando frenar las contracciones con diferentes medicamentos que me daban en el hospital. Uno de ellos fue magnesio, que me lo aplicaban de manera intravenosa, debido a que éste funciona como un relajante muscular. Se esperaba que el útero cediera de igual manera relajándose y por consecuencia disminuyeran las contracciones. Desafortunadamente esta medicina me producía un dolor de cabeza tan intenso que sentía que me iba a explotar. No sé si otras mujeres hayan experimentado lo mismo, pero lo recuerdo como una sensación horrible como si mi cabeza estuviera dentro de un horno muy caliente, no lo soporté más que por dos o tres días hasta que tuve que pedir que me la retiraran, a pesar de que si me ayudaba a parar las contracciones.

En una ocasión recuerdo que le pregunté al especialista en perinatología que me atendía la razón por la cual estaba pasando todo esto de nuevo, si ya había tenido una cirugía para corregir el problema anatómico de mi matriz, además de que también había tenido el cerclaje para reforzar el cuello del útero. Él me contestó que se estaba haciendo lo que se podía hacer para mantener lo más posible mi embarazo y que yo había hecho lo correcto al haber corrido al hospital para parar a tiempo las contracciones. De hecho, el cérvix estaba bien cerrado, pero era mi matriz la que ya no soportaba el crecimiento de mi bebé. Me acuerdo perfectamente su explicación respecto a las contracciones, me platicó lo importante que era atenderlas y pararlas a tiempo, que eran como un carro sin frenos en una bajada, que si no se detenía al principio, era mucho más difícil frenarlas cuando más avanzadas estuvieran.

Pasé varios días prácticamente sola en el hospital, ya que estaba muy lejos de mi casa, del otro lado de la frontera, y mi esposo tenía que seguir atendiendo a mi hija e ir a su trabajo. Fueron días un poco complicados en cuanto a mis emociones, a pesar de que yo estaba consciente del por qué no podía estar con mi esposo y mi hija, no podía evitar sentirme sola. Mi hermana menor fue quien me visitaba algunas veces, ya que ella vivía más cerca del hospital.

Desde que me internaron me colocaron un sensor detenido por un cinturón alrededor del abdomen para monitorear los latidos del corazón de mi hijo en mi vientre, las 24 horas del día. Todo había estado estable, hasta que un día el ritmo cardiaco del bebé empezó a bajar mucho. De manera repentina me acuerdo ver llegar apresuradas a varias enfermeras a mi cuarto. Fue muy confuso ese instante y yo no entendía lo qué estaba pasando, solo seguí de inmediato las instrucciones que me dieron de ponerme boca abajo apoyándome en las rodillas y en las manos, en la que llaman posición de cuatro puntos, de tal forma que mi abdomen quedara colgando en el aire.

En cuestión de segundos empecé a comprender bien lo que sucedía y sentí muchísimo miedo por mi bebé, pues su corazón se estaba colapsando, por lo que me limité a acatar las órdenes sin cuestionar a las enfermeras, hasta que afortunadamente su ritmo cardíaco se fue recuperando poco a poco.

A partir de ese día, incidentes como este empezaron a suceder con más frecuencia. Hasta cierto punto, llegué a acostumbrarme sin preocupación a que ocurrieran estos episodios, debido a que gracias a Dios veía que mi bebé se recuperaba al tomar la posición indicada.

Acercándome a cumplir la semana 35 de embarazo, mi doctor al ver que mi bebé estaba sufriendo estos eventos, me informó que tenía dos opciones: inducirme el parto para que mi hijo naciera ya, o simplemente esperar al momento en que ya no pudieran detener las contracciones y tuvieran que llevarme en ese momento de emergencia al quirófano para evitar poner en riesgo la salud de mi bebé, ya que cada vez que las contracciones se daban él se comprimía y su ritmo cardiaco disminuía. En el segundo caso, tendría que ser un nacimiento por cesárea por ser circunstancias de urgencia, en donde mi bebé ya no respondiera ni con la posición de 4 puntos que ya había usado en varias ocasiones.

En mi mente el único objetivo que había era lograr llegar al término de la gestación, de manera que mi hijo naciera sin complicaciones y sin necesidad de alguna asistencia médica que lo hiciera permanecer en el hospital más tiempo, cumpliendo así otro deseo igual de fuerte de dar a luz a mi hijo, poder cargarlo y llevármelo a casa junto conmigo. Posiblemente es el sueño de toda mamá que ha pasado por la experiencia de tener hijos prematuros.

Mi esposo y yo pedimos hablar con un médico especialista en neonatología para que nos explicara con detalle las condiciones que se podían esperar de un bebé que naciera a las 35 semanas. Su información fue muy alentadora, porque según las estadísticas nuestro hijo tenía muchas posibilidades de nacer sano, así que nos decidimos por la inducción del parto.

Dos días antes de la fecha que se había agendado la inducción, el doctor pidió que se removieran las suturas hechas en el cérvix para dejar libre el paso para el nacimiento. Estaba claro que mi útero ya no soportaba más la carga del bebé. Puedo decir que en mi experiencia este procedimiento fue fundamental y beneficioso para haber logrado llegar hasta donde llegué con mi embarazo.

"La toma de decisiones realmente acertada, se basa en un equilibrio entre el pensamiento deliberado y el e instintivo". Malcolm Gladwell

Otro sueño cumplido

Después de estar listo mi útero para dilatarse y dar a luz, el médico me suministró poco a poco de manera intravenosa la medicina que generaría las contracciones. Recuerdo muy bien que iniciaron por la noche. Al principio no sentí nada, pero al paso de las horas empecé a sentir dolores muy fuertes durante toda la noche; contracciones que iban y venían. Hasta al día siguiente ya con la dilatación idónea, me pusieron la anestesia epidural y al poco tiempo de su aplicación nació mi bebé por parto vaginal. Nunca olvidaré ver llorar a mi esposo de la alegría tan enorme de recibir a nuestro hijo sin problemas, al que revisaron, limpiaron y me lo pusieron en el pecho. Era un niño pequeño, de aproximadamente 5 libras, pero completamente sano y fuerte. Al haber visto llorar a mi esposo, confirmé que había hecho lo correcto en haberme embarazado sin su consentimiento. Tuve una alegría enorme por él también, de que recibiera a su hijo sin ninguna complicación.

En cuanto el bebé nació me revisaron el nivel de glucosa y el resultado estaba en rango normal.

Afortunadamente y gracias a Dios yo ya no tenía signos de diabetes, lo que fue como "mágico". Me habían explicado que este tipo de diabetes así es, termina con el embarazo, pero verlo como un hecho resuelto de forma tan instantánea fue para mí un gran alivio. Esto fue una señal más de que íbamos en la dirección correcta con la ayuda de Dios para lograr muy pronto la otra parte de mi gran sueño: que Caroline pudiera alimentarse por la boca.

A raíz de esta diabetes gestacional he tenido cuidado en mi alimentación; toda mi vida he tratado de nutrirme bien, pero después de haber tenido a mi hijo lo he hecho todavía más. Mi ginecólogo me recomendó que tuviera cuidado en mi dieta en cuanto a los azucares, porque puede quedar el organismo con alguna predisposición a desarrollar diabetes en los años posteriores al embarazo.

Durante los primeros días de nacido Matthew no pudimos lograr que comiera de mi pecho, así que nuevamente tuve que acudir al uso del sacaleches para dársela en biberón, del cual no lograba comer mucho. Me pidieron anotar en una bitácora los mililitros que tomaba en cada toma, para ir evaluando el avance de su consumo de leche. Si esto continuaba así y no se regularizaba la cantidad necesaria de leche que debía ingerir, tendrían que internarlo en la unidad intensiva neonatal. Mientras que a mí me darían de alta dado que normalmente, después de un parto natural sin complicaciones, la paciente permanece internada solo por 2 días.

No obstante, tuvimos la bendición de que me permitieran quedarme dentro del mismo cuarto donde había estado internada junto con el niño, hasta el quinto día. Como el hospital no estaba lleno, me dejaron quedarme con él; "coincidencia" o "suerte", para mí una bendición más. Estaba negada a volver a vivir la experiencia de llegar a mi casa sin mi bebé, así que estuve insistiendo con mi hijo a que comiera con un biberón especial de chupón muy pequeño hasta que fue aceptándolo y aumentando poco a poco la cantidad de alimento que tomaba, hasta lograr finalmente que consumiera el mínimo necesario para que lo dejaran ir a casa. Todo mi enfoque estaba concentrado en lograr que comiera, estaba tan determinada a lograrlo que no podría haber otra alternativa.

A la par de mejorar su alimentación y antes de darlo de alta, Matthew recibió por un par de días sesiones de fototerapia dentro del mismo cuarto. Este es un tratamiento muy común, que consiste en exponer al recién nacido bajo luces brillantes de una lámpara, para ayudarlo a descomponer la bilirrubina que su hígado todavía inmaduro, no lograba eliminar del torrente sanguíneo.

A esta condición se le llama **ictericia** y el médico puede diagnosticarla fácilmente según el aspecto y coloración de la piel del bebé, que se pone amarillenta, así como con un examen médico, un análisis de sangre o una prueba cutánea con un dispositivo que mide la reflexión de una luz especial que brilla a través de la piel.

Después aprendí que esto es muy común en bebés recién nacidos antes de las 38 semanas. Es muy importante su detección y tratamiento puesto que la ictericia infantil, aunque de inicio parece una condición inofensiva, si no se trata, puede llegar a provocar sordera, parálisis cerebral u otros tipos de daño cerebral en el bebé.

Afortunadamente después de haber sido expuesto a esta terapia con luz, mi niño logró tener los niveles normales de bilirrubina. Fue una gran bendición poder acompañarlo y cuidarlo en el cuarto mientras recibía estas terapias.

Transcurridos los 5 días de nacido lo dieron de alta. Lo vestí con un trajecito amarillo que mi mamá le había comprado especialmente para este momento, pues, según la tradición de mi madre es de "buena suerte" que los niños salgan del hospital vestidos de este color. Debo de confesar que no soy supersticiosa y para mí esto del color de su ropita realmente no significaba nada, pero se lo puse siguiendo su costumbre, y sobre todo porque era un regalo que mi mamá le había hecho con mucho amor a mi hijo para estrenar ese día tan especial.

Entonces finalmente salimos juntos del hospital. Me sentía inmensamente feliz, completa, bendecida de llevar cargando a mi hijo en los brazos. Quizá esto es un hecho que para la mayoría de las madres es de lo más común y normal, pero después de lo que viví con Caroline, para mí era como estar viviendo un milagro más, pues significaba que mi hijo estaba sano.

A pesar de los contratiempos vividos durante el embarazo, siempre tuve la certeza dentro de mí, de que mi segundo hijo nacería sin ninguna complicación. Puse toda mi fe en acción e investigando qué médico me podría asistir con experiencia en perinatología.

Creo firmemente que lo primero es Dios, la fuerza del Universo o el ser supremo al que cada quien crea, y después está la acción que cada uno ponemos para poder ver realizados nuestros sueños.

El amor que siento por mis hijos es igual de inmenso para los dos, pero esa herida que tenía en mi corazón de tanto dolor y sufrimiento que sentí en el nacimiento y el proceso de recuperación de mi primera hija, quedó sanada al haber vivido la experiencia de dar a luz a Matthew a través de un parto normal y al haber salido del hospital con él en mis brazos.

Mi hermana Elizabeth nos hizo el favor de pasar por nosotros y una vez más nos dio hospedaje en su casa en San Diego. Al igual que en ocasiones anteriores yo quería estar cerca del hospital para sentirme segura. Quizá esta vez no tenía nada de que estar preocupada pero el miedo por la experiencia anterior era real y latente, además resultaba práctico ya que teníamos cita con el pediatra de cabecera para revisión de mi bebé, en un par de semanas.

Durante estas primeras semanas tenía que despertar a mi niño para comer, pues él se podía seguir toda la noche completa dormido sin comer. También debía moverle un poquito sus piecitos o piernitas para reavivarlo al momento de estar comiendo, de otra forma se arrullaba y empezaba a adormilarse al poquito tiempo después de haber empezado su toma de leche.

Este tipo de comportamientos y otras pequeñas dificultades para alimentarse son esperados en los bebés nacidos antes de 34 a 37 semanas, debido a que tienen problemas para coordinar la succión, la respiración y la deglución.[13] No obstante, fuera de esas primeras semanas fue un bebé sin ningún problema para comer, que se fue

---

[13] https://medlineplus.gov/spanish/ency/article/007302.htm

desarrollando normal como cualquier otro bebé de término completo.

Una vez que Matthew cumplió dos meses, hicimos los preparativos y arreglos necesarios para que Caroline pudiera participar en el programa para tratar su aversión a la comida, el que meses antes habíamos decidido posponer por mi embarazo, en el cual tanto Caroline como yo nos quedaríamos internadas por dos semanas en el hospital.

Mi suegra viajó a Tijuana para quedarse en casa a cuidar de Matthew junto con mi esposo, y pese a que ella estaba recuperándose de una cirugía de tratamiento por cáncer de pecho, estaba muy feliz de poder estar con su segundo nieto; al mismo tiempo que contribuía a que su nieta pudiera comer y alimentarse adecuadamente. Por lo tanto, contratamos a una enfermera para que le ayudara a mi suegra a atender a Matthew con las tomas de la noche y permitirle que ella pudiera descansar durmiendo toda la noche.

Durante esas semanas que estuve con mi niña internada en el hospital, me extraje la leche para poder seguir alimentando a mi hijo con leche materna, al igual que como lo hice con Caroline. Gracias a esta maravillosa invención de las máquinas sacaleches fue posible darle los beneficios de la leche materna a mis dos hijos.

Tener Fe, siempre te ayudará a encontrar los caminos que te llevarán a resolver o sobrellevar cualquier situación en tu vida.

¡Nunca la pierdas!

Siempre me quedó la duda del por qué Matthew no pudo succionar de mi pecho. En un principio cuando estaba recién nacido, pensé que sería cuestión de maduración, pero al ver pasar un par de meses y darme cuenta que no lo hacía por más que le insistía, opté por conformarme con que comiera por biberón. Todo mi enfoque lo tenía en la recuperación de Caroline.

CAPÍTULO XI

Lo imposible, se ve posible

Dejando a mi hijo de 2 meses de nacido en buenas manos que lo cuidaran, iniciamos el programa para la aceptación del alimento oral de Caroline, que para entonces ya tenía 4 años de edad y no sería tarea fácil. Consistía en cortar por completo el suministro de alimento por el tubo gástrico, con la intención de que al sentir hambre tuviera la necesidad instintiva de comer. Es por esto que de inicio, los alimentos que se le ofrecerían serían preferentemente alimentos altos en grasas, ya que la cantidad que empezaría a comer sería mínima.

El plan era utilizar el cuarto del hospital como si fuera un cuarto de hotel por dos semanas. Antes de internarnos me tomé el tiempo de platicar con Caroline y le pude explicar detenidamente el programa que le ayudaría a que aprendiera a comer, para que pudiéramos por fin quitarle el tubo que llevaba en el estómago. Aun cuando ella era muy pequeña, sé que sí alcanzó a entender, pues en ningún momento lloró ni se rehusó a ir, y el hecho de que yo estuviera durmiendo con ella le dio mucha tranquilidad y confianza en el proceso.

Ya por fin instaladas en el hospital, iniciamos el programa. El tubo gástrico seguiría insertado en el estómago de Caroline aun cuando este estuviera sin utilizarse. Contábamos con la atención de una terapeuta asignada que participaba en por lo menos una de las comidas de Caroline al día y entre las dos elegíamos y ordenábamos la comida que pensábamos podría gustarle a Caroline, procurando que fueran alimentos de diferentes texturas, pero fáciles de deglutir. Las opciones realmente eran un poco limitadas pues teníamos que adecuarnos al menú de la cafetería, dado que por cuestiones de políticas del hospital no se podía introducir alimentos de otro lugar.

Al momento de iniciar la hora de comer, la terapeuta utilizaba técnicas en las que a manera de juego invitaba a Caroline a comer. Ella me enseñó cómo debía de tener muchísima paciencia ya que algo tan normal e instintivo como lo es comer para cualquiera, para mi niña era algo completamente nuevo, convirtiéndose en un verdadero reto. Nos sentábamos con ella y empezábamos a hacer comentarios y expresiones como: "Mmm que rico está esto o aquello" y enseguida nos introducíamos la comida en nuestra boca. Básicamente era muy similar a lo que estuvimos haciendo por años en las terapias ocupacionales, pero en esta ocasión lo hacíamos bajo circunstancias mucho más favorables, estimulada por mucha hambre y con los tratamientos adecuados.

Precisamente por hambre, al segundo día del programa y después de estar más de 24 horas sin haber recibido nada de alimento por el tubo, ¡empezó a probar pan con mantequilla!. Era todo un logro ver como se introducía la comida a la boquita. Probaba por ejemplo paquetitos de mantequilla enteros y se los acababa en unas cuantas mordidas. Seguramente la consistencia blanda y cremosa le resultaba fácil de aceptar. Fue así como ella fue probando bocados de distintos alimentos y aun cuando no todos los terminaba aceptando, por lo menos mostraba apertura en intentarlo. Todo este proceso fue siempre bajo la supervisión de los médicos que monitoreaban sus signos vitales y su peso, además de llevar bitácora de su orina y número de evacuaciones diarias.

Algo muy positivo es que los días que transcurrieron en el programa, no fueron en ningún momento traumáticos para ella, en el sentido de que llorara o se mostrara incómoda al probar la comida. Fue de gran ayuda que el problema de las náuseas estuviera controlado, gracias al tratamiento para las alergias que seguía tomando. En esta etapa la dificultad de comer de Caroline era solo un aspecto psicológico, una aversión muy fuerte.

Sin embargo, no fueron días fáciles. Hubo una ocasión en la que Caroline llegó a estar muy constipada al grado de necesitar que una enfermera la asistiera con el uso de un enema, dado a que su alimentación era muy pobre en nutrientes y fibras aunado a que tampoco tomaba mucha agua por más que le insistiéramos que lo hiciera. Pero esta parecía que era la única manera de dar el gran paso.

Los alimentos que pudo tolerar más fácilmente fueron aquellos con textura suave y cremosa como el yogurt o la mantequilla. En cambio, aquellos de consistencia más dura y que requerían de ser masticados eran todo un desafío para ella. Al término de esas dos semanas sí hubo mucho avance, puesto que se logró que mi niña probara y comiera diferentes tipos de comida. Definitivamente fue un gran adelanto, un inicio exitoso de un proceso al que aún faltaba mucho por lograr.

Los primeros meses posteriores a la estancia en el hospital, me vi en la necesidad de recurrir al uso del tubo gástrico para complementar la nutrición de Caroline, debido a que lo que empezaba a comer no constituía un alimento completo. Le ponía la comida durante las noches utilizando la bomba automática, que muy lentamente, casi por toda la noche, le introducía la fórmula a su estómago con la cantidad de onzas equivalente a una toma. De esta manera seguía usando el tubo gástrico, pero de una forma inconsciente para ella, ya que era mientras dormía. La finalidad era completar su nutrición, pero sin que ella mentalmente sintiera que seguía dependiendo de la gastrostomía para ser alimentada. Esta medida fue una de las indicaciones que me dieron los médicos acabando el programa, para evitar alguna deshidratación o desbalance en su nutrición que pudiera afectar de manera importante la salud de mi hija.

Como ya lo mencioné, yo estaba consciente que este programa realmente había sido un motor de arranque. Había mucho camino por recorrer. Mi hija no conocía otra forma de comer más que por medio del tubo gástrico, de modo que literalmente debía aprender a masticar para comer, algo que todos hemos iniciado a hacer de manera instintiva para ella sería una dificultad que tendría que superar, como también lo seria vencer el daño psicológico de aversión que tenía.

Pasaron varios meses así evolucionando lentamente con la aceptación de la comida. Hubo varias etapas. En las primeras desayunaba y cenaba una cantidad muy grande de yogurt, mientras que en las comidas las papillas de verduras y pollo fueron la mejor opción, no porque no pudiera masticar, sino porque ella no quería hacerlo por la fobia a la comida tan fuerte y tan arraigada que tenía. Su tolerancia a la comida con texturas era muy limitada.

Pero para mí no había vuelta atrás. Al pasar esos primeros meses, decidí no darle más formula por las noches eliminando por completo el uso del tubo gástrico. Nunca perdí la fe, nunca desistí. Estaba decidida a no volver a darle alimento por el tubo insertado en el estómago, y a pesar de que hubo días de gran desesperación y frustración, seguí insistiendo sin renunciar. En mi mente ese tubo ya no existía pese a que físicamente siguiera ahí; ese paso ya estaba dado, y lo único que tenía que resultar de todo esto era lograr que consumiera el alimento suficiente para vivir y desarrollarse.

En muchas ocasiones llegue a perder la paciencia intentando persuadirla de comer. Reconozco que era un poco dura con ella, incluso recuerdo que una vez mi suegra me llegó a decir que ya no le insistiera más. Mi esposo contribuyó a un buen balance en la dinámica de la comida, porque justo cuando yo agotaba mi calma en el intento, intervenía él logrando suavizar la situación. Igualmente la señora que hasta la fecha trabaja en casa con mi mamá, nos ayudaba dándole sus papillas, que, aunque Caroline ya era una niña grande, se entretenía mucho con las diferentes actividades que se le ocurrían a la señora para distraerla mientras comía. Ella ponía a Caroline a que le ayudara a cocinar o a picar algo de comida, mientras le daba las cucharadas en la boca a la niña. Para mi eran días de descanso cuando me decía que Caroline se había terminado sin problema toda su comida.

Como mamás muchas veces podemos llegar a perder la paciencia tratando de sacar adelante a nuestros hijos. Por eso si es posible, puede ser muy benéfico e incluso necesario, contar con el apoyo de algún familiar o alguien más, de confianza, que esté dispuesto a ayudar con renovada paciencia y tolerancia, cuando a uno como mamá llegue a perder la calma.

De este modo transcurrió el tiempo y el menú de mi hija no se estaba ampliando mucho. Al ver a Caroline consumir las cantidades de yogurt que estaba comiendo en el desayuno y cena me empezó a causar cierta inquietud. Aunque en la clínica de alergias, donde atendían a Caroline nunca me dijeron que evitara o limitara ningún grupo de alimentos, ni mucho menos los lácteos, una vez más mi instinto me decía que una porción tan abundante de este tipo de comida no podía ser saludable.

Había leído algunos artículos sobre la leche y sus derivados y existía mucha publicidad en las redes sociales en contra de ellos, incluso donde se mencionaba que la leche de vaca era naturalmente para alimentar a becerros y no a los humanos.

Lo cierto es que la industria de los lácteos nos ha presentado a la leche como un alimento vital para el crecimiento de los niños. A mí por ejemplo me tocó crecer escuchando que los niños teníamos que tomar leche diariamente para crecer saludables y tener huesos fuertes.

Quizá sea un tema controversial, pero parte de estos artículos que leí me hacían algo de sentido, como por ejemplo que los lácteos podían ocasionar reflujo. Entonces decidí buscar alguna otra opción de alimento que fuera fácil de ingerir para mi hija y que al mismo tiempo fuera más sano y nutritivo.

"La mente intuitiva es un regalo sagrado y la mente racional es un fiel sirviente. Hemos creado una sociedad que rinde honores al sirviente y ha olvidado al regalo". Albert Einstein

Nuevamente tratando de encontrar mejores opciones para ella y su salud, las cosas se iban presentando frente a mí de una manera u otra. Llamó mi atención la tendencia hacia la comida vegana y cómo se popularizaba cada vez más. Creo que hay que estar atentos a las tendencias, pues indican oportunidad de cambios hacia la mejora. Justo en este entonces, resultó que dos de mis mejores amigas estaban estudiando una técnica de nutrición llamada **Trofología**, y luego de que me hablaran de esta, decidí indagar más en qué consistía y cuáles eran sus beneficios.

La **Trofología** es una pseudociencia que regula la nutrición, para mantener un pH armónico, basada en la combinación correcta de alimentos, respetando la compatibilidad digestiva entre ellos y aunque tiene algunas similitudes con el vegetarianismo y el veganismo, en la trofología sí se consume algo de proteína animal como el pescado de altamar.[14]

Me pareció muy interesante, por lo que les pedí a mis amigas referencia de la especialista con quien estaban aprendiendo esta nueva forma de comer, y me recomendaron ir con la nutrióloga que tenía su consultorio en Tijuana.

No tenía intención de convertir a mi familia o a mi hija en veganos, pero sí sentí que aprender un poco de esta corriente podría ayudarme mucho a ampliar mi repertorio de recetas haciéndolas más nutritivas y procurando evitar los lácteos, que insisto, los médicos nunca me indicaron que lo hiciera, pero algo en mí me decía que nos ayudaría mucho. De cualquier manera, al ser un régimen de alimentación más natural, seguro podía beneficiar la salud de mi hija.

Me puse en contacto con la nutrióloga, hice cita y fui a visitarla. Le platiqué el historial de Caroline y le pedí que me ayudara con alguna alternativa para sustituir el yogurt

---

[14] https://www.opennutrition.com.mx/blog-trofologia/que-es-trofologia/

que mi hija consumía en grandes cantidades, algo que tuviera la consistencia parecida, pero fuera natural con buen sabor y nutritivo. Ella me dio una receta muy buena y muy rica de un licuado de frutas en donde sustituyó el yogurt por **kéfir** o también llamado yogurt búlgaro. Éste es una leche fermentada rica en bacterias y levaduras probióticas que mejoran la flora intestinal, auxilian a fortalecer el sistema inmunológico y mejoran el tránsito del intestino, ayudando a mantener la salud general del organismo.

La receta de este licuado consistía en mezclar el kéfir con frutas que fueran del mismo tipo, acorde a la técnica de trofología, es decir, dulces con dulces y ácidas con ácidas en un mismo licuado. La receta también contenía semillas tales como, linaza, chía o semillas de cáñamo, las cuales son fáciles de incorporar en licuados y proveen proteína vegetal. Por último, se añade miel de abeja. Esta mezcla además de tener un delicioso sabor, tiene un gran valor nutricional y es muy fácil de deglutir, haciéndoselo a mi hija tan espeso o líquido como quisiera. Le explique a la nutrióloga lo difícil que era para Caroline introducirla a nuevos sabores, tipos y texturas de comida, y lo limitado que estaba su ingesta de nutrientes, por eso es que me recomendó el kéfir que, aunque también es lácteo, es más nutritivo que el yogurt y además tiene probióticos que ayudan mucho a la buena digestión.

Me sugirió hacer en casa mi propia leche de coco o almendra, para cuando mi hija fuera aceptando más sabores nuevos, empezara a incluirlas en el licuado reduciendo paulatinamente el kéfir, hasta llegar al punto en que el licuado tuviera únicamente leche de coco o de almendra. Las cantidades de éstas varían según el gusto personal, lo mismo con la cantidad de miel, se añaden de acuerdo a qué tan líquido y dulce se desee el licuado.

En cuanto a las cantidades de semillas que se agregan, fui probando y viendo qué textura tomaba con cada una de ellas. Normalmente a un vaso de 8oz, le agregaba de 1 a 1½ cucharaditas. Probé con las 3 semillas, pero la textura variaba mucho. Con la chía se hacía muy gelatinoso si no se tomaba rápidamente después de hacerse la mezcla; con las semillas de cáñamo tomaba un sabor muy fuerte; así que la mejor opción fue con la linaza, que no tiene sabor y no da una textura tan espesa como la chía, especialmente cuando se compra la semilla granulada. Esta receta la aceptó muy bien mi hija, lo cual me hizo muy feliz.

Hasta la fecha mis hijos toman muy frecuentemente estos licuados por la mañana, de hecho, Caroline aprendió a prepararlos y ahora ella se hace su propio licuado.

Los hábitos alimenticios con los que crecí en casa eran de tomar alimentos nutritivos balanceados y naturales, por lo que era muy importante para mí el implementar una dieta similar para mis hijos. Quería poder ofrecerles alimentos no procesados sobre todo a Caroline, que después de haber estado consumiendo por tanto tiempo fórmulas especiales, finalmente podía darle comida natural y nutritiva oralmente. Eliminamos por completo el yogurt de su dieta y a partir de entonces empezó a aceptar más variación de alimentos. Desconozco la razón científica de este cambio, pero lo que sí puedo asegurar es lo que viví con mi hija al cambiarle la dieta e iniciar con los licuados de semillas, hubo una mejoría muy notoria aceptando mucho más cantidad y tipos de comida.

Estaba tan entregada a este proceso de Caroline para que fuera aprendiendo a comer, que incluso cuando salíamos de vacaciones, al momento de elegir lugares para hospedarnos, siempre buscábamos las opciones que nos brindaran mayor comodidad para una estadía con niños pequeños, y que tuvieran acceso a una cocina o cocineta para poder continuar preparando los alimentos que mi hija aceptaba comer, y a la vez aprovechaba a darle a mi hijo comida más simple y nutritiva que a veces no se encuentra en un restaurante. Aunque definitivamente implicaba más trabajo para mí cocinarles en esos días de descanso, valía la pena y era preferible continuar cuidándoles sus hábitos alimenticios, pero sobre todo la razón principal era no interrumpir lo avanzado con Caroline. Apenas llegábamos a instalarnos, yo iba a comprar los ingredientes necesarios para preparar sus papillas como las de cualquier bebé que empieza a comer. Las hacía con pollo, verduras, frutas licuadas etc. En alguna ocasión tuve que pedir que me reemplazaran la licuadora, ya que la que tenía en el cuarto de hotel no lograba moler completamente los pedazos de pollo. La transición que había iniciado de comer por la boca en vez de por el tubo gástrico, era aún muy reciente, y mi hija seguía teniendo resistencia y sensibilidad a cualquier mínima textura que llegaba a sentir en la boca, por lo que necesitaba licuar completamente todo lo que le preparaba. Pero para algunas de las comidas durante estos períodos vacacionales, recurría de nuevo al yogurt, pues era un descanso para mí no tener que cocinarle su papilla ni estresarme al insistirle que se acabara su comida, ya que mi niña disfrutaba comer cada cucharada de él sin ningún esfuerzo.

Hubo muchas ocasiones en las que Caroline se rehusaba a comer las papillas. Tenía que persuadirla de una u otra manera para que lo hiciera. Siempre tuve muy presente en mi mente lo que los doctores decían: "Mientras más tiempo transcurra más difícil será la transición". Por eso mi enfoque constante era seguir induciéndola a comer por la boca.

Esta fase de las papillas tomó un poco más de dos años para llegar al punto de comer alimentos como cualquier niño de esa edad, sin necesidad de tener que licuar nada, masticando como lo haría cualquier persona.

Fue un gran reto, difícil y estresante, el proceso para verla lograr que lo venciera. Era una tarea diaria, continua que requería de mucha paciencia, disciplina y constancia. Había días fáciles, pero otros muy difíciles. Sin embargo, siempre me propuse no ceder, sabía que solo así lograría enseñar a Caroline a alimentarse.

Para poder retirarle definitivamente el tubo gástrico los médicos indicaron que tenía que haber transcurrido por lo menos un año comiendo oralmente. Era más o menos un tiempo razonable para dejar que Caroline hubiera estado expuesta a enfermedades como gripas, resfriados e infecciones comunes de los niños de su edad, constatando que su salud en general y su sistema inmunológico no se viera afectado por una posible deficiencia en su nutrición. Su alimentación debía ser variada y completa en calorías y nutrientes para que le permitiera seguir creciendo de manera óptima.

Esto era de vital importancia pues si se lo retiraban antes del tiempo necesario, corríamos el riesgo de tener que volver a someterla a otra cirugía para insertárselo nuevamente en caso de que su salud lo requiriera. Naturalmente mi hija llegó a enfermarse como cualquier niño de su edad y como era de esperarse, cuando esto sucedía, perdía apetito y dejaba de comer un poco. Incluso tuvo varias infecciones estomacales fuertes con síntomas como diarrea o gripas con los clásicos malestares, pero siempre fui firme en tratar de convencerla a tomar los líquidos suficientes por la boca sin tener que utilizar el tubo gástrico y lograr que se mantuviera hidratada, ya que esto era crucial para su recuperación. En algunas de estas ocasiones bajó de peso por lo mismo de su pérdida de apetito, pero igualmente no era nada extraordinario, se reponía a su peso normal después de aliviarse y regularizar sus comidas, tal como le sucede a cualquier niño de esa edad.

Gracias a Dios nunca tuvimos la necesidad de internarla en un hospital por desnutrición, ni por deshidratación.

Durante ese año los médicos la pesaban, medían su estatura y representaban estas medidas en las curvas de crecimiento de forma periódica, monitoreando su desarrollo y evolución, para poder determinar el momento oportuno de quitarle el tubo gástrico de manera definitiva.

A lo largo de los años en los que Caroline no podía ingerir alimento oralmente, mi esposo vivía en total preocupación. Le dolía mucho pensar que al entrar a la escuela primaria, los niños le pudieran hacer comentarios hirientes por el hecho de traer insertado el tubo en el estómago y de esta forma lastimar su autoestima, lo cual para mí no era ningún motivo de preocupación. Yo solo deseaba verla libre, sin depender de aquel tubo para alimentarse. En algún momento le comenté esta preocupación de mi esposo a la directora de la escuela, y ella me respondió que mi hija ya les había mostrado su pancita a sus amigas durante algún receso en el patio de la escuela y nunca hubo ningún comentario hiriente hacia Caroline, solo les daba curiosidad de saber que era.

Otro sueño, otra bendición

Finalmente, a sus 6 años de edad, llegó el día en que le retiraron de el abdomen el tubo gástrico. Fue un procedimiento tan sencillo como acudir un día a la oficina del cirujano, donde le quitaron el *"Mickey Button"* y simplemente le pusieron unas gasas para cubrir el orificio. Nos explicaron que éste se cerraría de manera natural al cabo de 2 semanas y que la piel se uniría sola sin necesidad de suturarla. Una de las indicaciones de cuidado que me dio el médico, fue que debía cubrirle el orificio con gasas a la hora de bañar a mi niña para prevenir que le entrara el agua con jabón al estómago y me proporcionó varias piezas especiales de plástico, tipo parches con material adherente, que se pegan en la piel para cubrir esa área del abdomen.

Otra recomendación importante fue que le estuviera cambiando la gasa después de comer a Caroline, pues al estar literalmente abierto el estómago, la comida que tomaba se podía salir por el orificio que estaba en proceso de cerrar solo, y efectivamente así fue, pues era necesario estar cambiándosela después de cada comida. En mi opinión hubiera preferido poner algunas suturas para cerrar ese orificio en su abdomen y de esta forma evitar el proceso de estar teniendo gasas llenas de jugos gástricos y comida del estómago. Yo sentía que haberlo quitado y dejarlo tan expuesto no había sido la mejor manera, pero de nuevo acepté y confié en lo que los médicos determinaron pues al final del día ellos son los expertos.

Pasaron los días, y yo veía que seguía saliendo la misma cantidad de comida, no había ni la más mínima disminución en el derrame de residuos, por consecuencia, su piel no se estaba uniendo como me explicaron sucedería, y por ende no se estaba cerrando el orificio.

A final de cuentas el orificio en su abdomen no se cerró durante el tiempo que habían pronosticado, por lo que tuvieron que intervenirla en una cirugía menor para cerrarlo por medio de algunos puntos de sutura.

Este último paso ha sido uno de los momentos más felices de mi vida. Verle cerrado definitivamente ese orificio sin aquel tubo que, aunque la había mantenido viva por estos años, no era una forma natural de alimentarse ni de vivir. Para alivio y tranquilidad de mi esposo, Caroline ingresó a primero de primaria libre del tubo gástrico en el estómago.

La guía de Dios siempre nos acompañó en todo este trance, dándome a mí la intuición de madre y gracias a que siempre me opuse a la cirugía de funduplicatura de Nissen, fue que logramos este final para mi hija. Los doctores de la clínica especializada en alergias me comentaron en una ocasión que había sido determinante la decisión de no haberla operado para la sanación de mi hija, ya que de haberlo hecho hubiera sido terrible para la condición de alergias que ella padecía, e indudablemente también para la obstrucción anatómica del duodeno con la que nació.

De este modo gracias a Dios, llegamos a este momento tan esperado, después de aproximadamente 3 años del tratamiento ya mencionado de esteroides para las alergias de Caroline, años de terapias ocupacionales y endoscopias anuales para darle seguimiento a su evolución, en las que cada vez se tomaban biopsias para analizar el tejido y corroborar el funcionamiento del medicamento; este procedimiento se lo siguieron haciendo cada año aun después de parar la toma de esteroides. Para realizarle estas endoscopias era necesario aplicarle anestesia general, con todo el protocolo que esto conlleva por parte del hospital, el cual incluía una serie documentos en las que aceptábamos por escrito los riesgos de este tipo de adormecimientos, aunque fueran extremadamente bajos.

A pesar de que estos procedimientos eran ya prácticamente rutinarios para nosotras, hubo una ocasión en la que, al estar en medio del papeleo para darla de alta al recuperarse de la anestesia, la situación me abrumó de tal manera que sufrí un ataque de pánico muy fuerte, al grado que el personal médico me tuvo que auxiliar recostándome en una de las camillas. Tuve que llamar a mi mamá y a mi hermana para que vinieran por nosotras para regresarnos a casa conduciendo una de ellas mi carro, pues no me encontraba en condiciones ni siquiera de manejar. Con el tiempo aprendí a confiar en Dios, y a tener toda la Fe en Él de que estas intervenciones serían efectuadas de manera exitosa cada vez. Mientras tanto mi hija seguía creciendo, superando todos los obstáculos que se habían presentado y que seguían presentándose.

La última endoscopia para monitoreo la tuvo cumplidos los 9 años, y esta vez la dieron de alta, sin necesidad de agendar algún otro estudio de seguimiento para el futuro. A esta edad Caroline ya estaba en plena consciencia del procedimiento, y aunque estaba cansada de pasar una o hasta dos veces al año por anestesia general para este estudio, ella siempre se mostraba muy valiente, además yo siempre la acompañaba al quirófano donde la dormían y me retiraba hasta que quedara completamente inconsciente. Yo le explicaba que todo aquello era por una buena razón, y que teníamos que estar seguros que su tejido estuviera bien por dentro.

Todos estos años realmente no fueron nada fáciles ni para mí ni para mi familia. Tuvimos nuestros momentos hermosos como en cualquier hogar, pero la fe en Dios y su guía fue lo que definitivamente me sostuvo siempre. Fue la que me hizo seguir, aunque pasara por muchos momentos de llanto, de desesperación, de incertidumbre y de estrés. Ahora que veo hacia atrás me doy cuenta que fueron años completamente dedicados a mi hija, ya que, aunque llegaba a salir con mi esposo o en muy pocas ocasiones con amigas, no me sentía bien haciéndolo. Eran distracciones momentáneas, porque lo que vivía con mi hija día con día, seguía ahí en mi mente constantemente, siempre presente y al llegar a mi casa después de una salida, era llegar a enfrentar la realidad, una que me causaba mucho dolor de ver que mi niña no estaba completamente sana.

Sueña en grande, pide con todo tu corazón, no importa que no sepas como sucederá, ¡Ten fe ciega, y cuando la inspiración llegue, acciona!

Caroline hoy en día come casi de todo. Me atrevería a decir que come mucha más variedad de comida que muchos niños de su edad. También ha aprendido a distinguir qué alimentos son nutritivos, y tiene cierto sentido de lo que es comer sano. Obviamente le encantan los dulces como a cualquier niño de su edad, pero tiene la disciplina suficiente para saber comer balanceado y nutritivo. Todavía en la actualidad me maravillo grandemente cuando la veo comer y disfrutar de todo, desde mariscos, carnes, e incluso verduras. No deja de sorprenderme el milagro ocurrido en ella y valoro el camino recorrido. Me hace sentir muy orgullosa y feliz.

CAPÍTULO XII

El gozo de la recompensa

Actualmente mi hija tiene 11 años. Ella es una hermosa niña por dentro y por fuera, creativa e inteligente, y mi hijo es un bello niño de 7 años. Los dos completamente sanos. Nuestra vida está llena de bendiciones, y cada día de mi vida doy gracias a Dios por mis hijos. Cuando los veo jugar con su papá, cuando los abrazo y me abrazan o cuando nos besamos, sé que valió la pena tanto esfuerzo. Ellos son mi mejor recompensa a tantos momentos complicados que vivimos. Por supuesto que como toda mamá a veces pierdo la paciencia también, pero ellos son el mejor regalo que la vida me pudo dar. Seguramente que todas las mamás pensamos que nuestros hijos son los mejores del mundo, y yo no soy la excepción. Creo que no pude haber tenido mejores hijos; son dos pequeños seres humanos hermosos, por los que me esmero en ser mejor persona cada día y darles un buen ejemplo de vida.

Después de haber pasado por años de terapias y doctores con diagnósticos deficientes aprendí que no debemos conformarnos con la información que nos dan, sobre todo si algo no nos hace sentido, tenemos que seguir buscando hasta que realmente nos sintamos convencidos tanto con el diagnóstico como con el tratamiento, para que éstos nos den tranquilidad tanto en la parte emocional como en la racional, evitando el paso de tanto tiempo valioso desperdiciado inútilmente.

Siempre tuve la inquietud de ayudar de alguna manera con mi experiencia a todas las mamás de bebés prematuros, con hijos que requieran de tubos gástricos para alimentarse, o hijos que tengan reflujo severo y que estén pasando por momentos difíciles, compartiéndoles mi historia y mi experiencia. Sin embargo, no sabía de qué manera hacerlo, hasta que un buen día cuando tomé un seminario de desarrollo personal, escuché al exponente durante una de las sesiones, que ella decía que todos tenemos una historia que contar. Fue en ese momento que conecté aquel deseo dormido de ayudar con el "cómo" hacerlo, y me vino a la mente la idea de escribir este libro, narrando a detalle la experiencia que me tocó vivir y que gracias a Dios hoy puedo compartir con un final feliz.

Todos tenemos una fuerza interior que muchas veces ni si quiera conocemos que está ahí, y no es por accidente o casualidad el que la tengamos.

Dicha fuerza se nos ha otorgado por Dios o por el Universo si le quieres llamar así, para que aprendamos a utilizarla a través de nuestras facultades intelectuales, tales como la percepción, la voluntad, el razonamiento, la imaginación, la memoria y la intuición. La combinación de todas estas grandes herramientas nos ayudará a salir adelante de cualquier situación que se nos presente en la vida. Si no habías escuchado sobre ellas, te recomiendo buscar algún audio o libro de desarrollo personal, ya que existen grandes maestros en esta materia. Solo por mencionar algunos ejemplos del uso de estas facultades en mi caso con la experiencia de mis hijos, sería: el uso de la voluntad, que fue el enfoque de haber mantenido mi mente pensando en cómo podía sacar a mi hija adelante; el razonamiento, al ponerme a observar los síntomas de mi hija; la percepción, en la manera en cómo veía mi situación como pequeña en cuanto la comparaba con otros casos mucho más fuertes que el mío; la imaginación, que me hizo ver y sentir el futuro como sería con mis dos hijos saludables; y la que más me ayudó, la intuición, para recibir la guía de Dios y rechazar aquella cirugía para acabar con el aparentemente "reflujo".

Mi intención original era sólo apoyar a las mamás de niños enfermos pero al ir escribiendo e ir conectando todos los hechos que viví estos años, y ver como fui logrando superar cada reto al mismo tiempo que fortalecía mi carácter y mi mente con una actitud positiva, caí en cuenta que éstos son los mismos componentes que llevan a cualquier persona a lograr sus sueños, a alcanzar con éxito algo que parezca ser demasiado grande, factores como el deseo, la fe, la intuición, la determinación, la perseverancia y el enfoque.

Entonces concluí que tal vez yo podría ayudar en algo compartiendo mi historia a cualquier persona que esté pasando por etapas difíciles en su vida, y que necesite de aliento e inspiración.

Otra cosa que descubrí al revivir mi historia escribiéndola, es que en algún momento a pesar de haber logrado conseguir un diagnóstico acertado, una operación correctiva exitosa y ver que mi hija estuviera recibiendo los tratamientos adecuados, yo me sentía como estancada al ver que mi hija no avanzaba en la ingesta de alimentos por la boca. Pero llegó de pronto un nuevo deseo, tan fuerte y ardiente como el de ser madre por primera vez: la enorme ilusión de tener otro hijo. Fue precisamente este anhelo lo que me dio un nuevo impulso para encontrar la forma definitiva de llevar a mi hija a la sanidad completa. Es curioso cómo suceden las cosas, pues creo que el deseo de darle un hermano a Caroline, fue el detonante para encontrar la ayuda adecuada.

Escogí como titulo la Fe, ya que esta es la creencia en Dios o Fuerza Suprema que nos guía a lograr lo que tanto deseamos. Es la fuerza de nuestro interior que nos hace sentir como un hecho eso que tanto deseamos y que todavía no hemos logrado llevar a cabo.

Esta virtud aplica a cualquier deseo profundo que tengamos y sintamos desde nuestro corazón, y es por eso que me centro tanto en ella.

"Fe es la habilidad de ver lo invisible y creer en lo increíble, y esto es lo que permite a los creyentes recibir lo que las masas piensan que es imposible".
Clarence Smithison

Al estar escribiendo mi historia recordé también algunos episodios en mi vida cuando me aferre a algún anhelo y ahora sé, que esos deseos tienen que ser lo suficientemente fuertes para poner a nuestra mente a trabajar, enfocándonos en lo que nuestro corazón de verdad quiere.

En mi vida he experimentado los beneficios tan grandes de aplicar los conceptos y recomendaciones que he aprendido con la lectura, audios y asistencia a seminarios sobre desarrollo personal. He notado mejorías en todos los aspectos de mi vida, lo cual me da la certeza de que efectivamente todo empieza en nuestra mente. Esta forma de mejorar nuestras vidas realmente funciona y de corazón se los comparto. Lo que les puedo decir es que si estás pasando por alguna situación difícil en tu vida nunca dejes de buscar soluciones, no renuncies a buscar opciones, no dejes de seguir tu intuición, esa voz interna que tenemos que nos dice que hay algo más, que siempre puedes encontrar otros caminos y que sobre todo nunca debes perder la Fe. Esta es la única que nos mantiene de pie para seguir adelante en nuestro andar por la vida.

Cuando tenemos la completa seguridad que nuestro sueño será una realidad, Dios nos va mostrando los caminos que tomar.

Adriana Tapia.

Últimas palabras

A lo largo de mi vida he pasado por muchas etapas en las que he ido deseando cumplir diferentes metas o sueños, y durante ese proceso he aprendido que hay un parteaguas en mi experiencia, el cual fue cuando comprendí el concepto de "despertar la conciencia", es decir, a escuchar los mensajes más profundos de nuestro ser, lo que nos hablamos a nosotros mismos constantemente; así mismo entendí lo importante que es educarnos para identificar y escoger únicamente los pensamientos de fe y no de miedo, enfocándonos siempre en lo que sí queremos y dejar fuera de nuestra mente y de nuestra vida lo que no deseamos dentro de ellas.

Antes, desde muy joven, me planteaba metas e iba tras ellas. Las que deseé con más fuerza fueron las que logré alcanzar; como terminar una carrera, irme a estudiar fuera de mi ciudad, encontrar a mi compañero de vida, casarme en el lugar que soñamos como pareja rodeados de la gente que queríamos, etc.

Después vino lo inesperado para poder formar mi familia, situaciones de vida y salud que no estaban en mi control pero que gracias a Dios logré superar, dejando que mi fe reconfortara mi dolor al aceptar que todo pasa por alguna razón, y confiar que el plan de Dios siempre es bueno.

De igual manera me obstiné a mi fe para sacar adelante a mis hijos y formar una familia saludable y feliz. Sin embargo, a partir de que empecé a estudiar desarrollo personal y empecé a aplicar lo que he aprendido en libros, seminarios y cursos, he podido solucionar situaciones de una mejor manera, pero siempre con la fe como elemento primordial.

Aprender a vivir bajo un estado de fe constante no es una labor fácil, sobre todo cuando tenemos frente a nosotros pruebas grandes por superar; pero una vez que logramos hacerlo podremos vivir con la mejor actitud para ir venciendo los obstáculos que se nos vayan presentando a lo largo de nuestro camino, y poder así vivir con plenitud.

Todos tenemos una reserva insospechada de fuerza en el interior, que surge cuando la vida nos pone a prueba.

Isabel Allende.

www.ingramcontent.com/pod-product-compliance
Lightning Source LLC
Chambersburg PA
CBHW060827050426
42453CB00008B/608